天下文化
BELIEVE IN READING

BEP053

素養小學堂

葉惠貞這樣教素養

葉惠貞——著

推薦序

「有感」而「不會變薄」的素養教育

鄭勝耀
國立中正大學教育學研究所教授兼任所長、高級中等以下學校課程審議會國中分組副召集人暨審議大會委員

過去幾年由於擔任新課綱審查任務的緣故，有許多機會與教學現場的教師一起思索關於新課綱的種種「美麗與哀愁」，也總是有許多教師持續向我詢問類似的問題：鄭教授，究竟什麼叫做「素養」？什麼叫做「素養導向的教學與評量」？

遇到這種情況，我通常總是先故意皺起眉頭，再緩緩說出我心目中的「理想答案」——「素養」通常包含兩個面向，第一個面向就是「有感」，如國語文領域的素養就

涵蓋文字／文法、文學及文化等三個層次，可以思考一下國語文教學時，能否讓學生有機會「浸潤」在文字／文法之外的「語感」，而嘗試由文學與文化的角度進一步理解作者與所處創作環境的「文化理解」；第二個面向則是「不會變薄」，就是教師在引導學生學習時所規劃的學習內容與學習表現，若那些「知識」、「技能」與「態度」不會隨著「考試遠去」與「知識通貨膨脹」而「貶值」，就可以稱為「素養」。

經由我極具「溫度」的「循循善誘」下，現場老師們通常都能夠對我的「理想答案」感到心領神會，不過，他們的下一個問題卻往往讓我不知如何回應：請問鄭教授有沒有看過我們可以參考的範例，讓我們進行教學時，可以「很有感」而且「不會變薄」？

可喜的是，還好有國立清華大學附設實驗小學葉惠貞老師的「雪中送炭」，透過葉老師「簡易、可行、好操作」的系統化教學策略，讓所有積極投入新課綱教學的老師游刃有餘，「瘋團購、逛百貨、韓劇陸劇別錯過」。特別是在「素養導向」的時代，相信大家一定都非常「有感」；而且正如同書中所提及畢業學生多年後對葉老師的教導念念不忘，也可以看到師生互動中所傳遞種種「不會變薄」的學習表現。

一直記得在我碩士班畢業時，張春興教授曾勉勵我：「勝耀，要當一個有學『問』的人，就要一直學習如何『問』好問題！」同樣的，令我印象深刻的是，葉老師在書中不吝與大家分享「提問」的種種好處與可以操作的Tips，如請學生自己主動提出以下的問題：「我很好奇的是……」、「我很驚訝的是……」、「我想知道關於……」、「如果……會不會……」與「我很困惑的是……」。我相信如果讀者也能夠對新課綱的「素養導向」提出上述的問題，透過葉老師從「語文閱讀理解這樣教」、「自主學習能力這樣教」與「生活涵養這樣教」等最「接地氣」的教學實例分享，一定可以讓大家「有感」的學會「不會變薄」的教學策略。

葉老師是我政治大學教育系的學妹，和讀者分享一個葉老師在大學時期的小故事。

通常大學教授在點名的時候，同學都會答「有！」

可是有一天……

教授：蔡惠貞！

該同學：Yeah!

教授覺得很奇怪，為什麼這個同學的回答和大家不一樣？

於是又再叫一次她的名字。

教授：蔡惠貞！

該同學又回答：Yeah!

教授火大了，便把該同學叫了起來，問她的回答為何硬是和大家不一樣？

該位同學怯懦的回答道：教授，不好意思，我姓「葉」。

教授：……

很高興可以在《素養小學堂》正式出版前拜讀這本好書，在「山轉，路轉，人跟著轉」的信念下，一起踏上一場「有感」與「不會變薄」的教育旅程。容我對葉老師的好書大作，大喊一聲「Yeah」！

各界齊聲推薦

（依姓氏筆畫順序排列）

為教育志業注入活水

一位專業、敬業、樂業的老師可以鼓動多少生命熱愛學習的動力？可以燃起親師生多少希望？葉惠貞老師的教學，對學生的影響肯定是無數、無限的！

從序開始，葉老師即破解素養導向教學的迷思，讀完全書更可見識到教學的強大力量！最重要的是簡易、可行、好操作，透過回饋引導，鼓勵學生思考挑戰，話語明確簡潔卻超具振奮能量！

同時，葉老師巧用教學資源，從課內到課外，從文本閱讀到寫作訓練，乃至於學生的告狀紛爭大小事，在在展現愛的教育與鐵的紀律。這是一本彼此提攜、互相感染的教育志業增能寶典，值得教育夥伴們一起與葉老師樂享志業。

李秀美（台中市北區立人國小校長）

教，是為了不教

「素養」就是希望學生習得學科或跨學科共性的概念，遷移到不同的真實生活情境，過程中能和同學溝通討論，欣賞多元、差異的觀點，且能系統思考整理資料，進而完成想要達成的目標，產生一用百用、一通百通的效果。

在語文領域中，「提問」就是一項關鍵性的素養。孩子透過文本有系統的練習提問，進而將此能力跨越到多元文本，且能與人合作溝通，產生自學的效果。

葉惠貞老師分享了素養導向教學撇步——「教，是為了不教」，值得大家一讀！

沈羿成（苗栗縣雙連國小校長）

素養，近在眼前

葉老師將多年深耕語文教學的心法，條理分明的娓娓道來，搭配師生互動的教學實例分享，更是讓人知其然也知其所以然，「素養」二字在葉老師的課堂不是遠在天邊的彩雲，而是近在眼前的花朵。

本書令人心儀的，還包括語文知識與閱讀理解的交織、課內教材與課外文本的銜接，以及閱讀能力與寫作技巧的整合；貫穿其中的除了葉老師深厚的功力，更重要的是，她的熱情具有強大的感染力，讀來如沐春風，巴不得趕快打造屬於自己的「素養小學堂」。

林玫伶（台北市國語實小校長）

精準提問，引導學習

邇來教育圈最熱的語詞莫過於「素養」，然而，望文生義，也導致眾家喧嘩的定義不一。無論如何，語文素養為語文的知識、技能與態度綜合展現，大抵可為各家所接受。

惠貞老師憑其豐富的現場教學經驗，以輕鬆淺白的話語，分享以精準提問引導學生思考與學習的方法，並進一步延伸至教學現場最不易達到的態度與價值觀探究。

全書以閱讀為軸、生活為依，侃侃而談，讓我們了解素養並不遙遠，只是有其切入的角度與策略。此書，即是通往素養導向語文教學最佳的途徑之一。

許育健（國立台北教育大學語文創作學系副教授兼系主任）

給親師的最佳處方箋

每次參加兒子的親師座談會時，總會聽到葉老師分享教學做法以及對親子教養的看法，原本「自主學習」、「素養」、「閱讀理解」這些對我而言比醫學專有名詞還深奧的教育新觀念，都讓我把問號變成驚嘆號了。

葉老師擅長把教學做到效用最大化，我建議對於工作感到疲乏無力而胸悶的老師，這本書就是最好的處方箋；對新課綱開心不起來而憂心忡忡的家長，這本書也會是療效很好的百憂解。

陳百璽（新竹馬偕醫院胸腔外科主任）

眼光放回孩子，協力同行

這是一本充滿教學熱情與學習悅趣的書。葉老師累積近三十年的經驗，以情境式的脈絡語言，鋪陳教師在教學生活中，透過有意識的觀察，掌握對學生的理解；善用有效提問，幫助學生進行高層次思考；鼓勵學生勇於嘗試，將失敗視為學習必經之路；引導學生自主學習過程中，展現教師反思，及快與慢的高度智慧；透過對學習保持好奇的環境營造，點點滴滴陪伴孩子學習成長。

葉老師用淺白的文字，真實展現教師在教學中的思考與實踐，對現職、職前教師，以及關心孩子教養的家長們是很好的學習資源。個人有幸先覽為快，深感幸福，也推薦給關心孩子學習與教養的你。

陳美如（國立清華大學教育與學習科技學系教授）

幫助教學者成為素養教學的實踐者

非常開心葉惠貞老師出版這本實踐素養教學的書。葉老師匯集多年豐富精采的素養教學經驗，書中呈現的每一則故事皆真實貼切、精采並富有生命力。

新課綱上路後，教學現場的老師無不努力尋求落實素養教學的方法，葉老師在書中分享語文教學多元策略與案例，結合貼近生活經驗的情境引導孩子實踐語文素養，提供完整可依循的軌跡，教學者清楚語文素養教學的脈絡，轉化為更有效的教學策略，成就學生有效學習。

本書幫助教學者成為素養教學的實踐者，是一本值得品讀的好書。

溫儀詩（國立清華大學附設實驗小學校長）

良師的全方位指引

我們每天面對無數問題，雖有Google大神，能幫我們回答Question，但對於無從下手的Problem，連如何發問都困難重重，遑論解決。

本書開宗明義的從教師提問出發，讓課堂中此起彼落「選我！選我！老師我會」的迴響，成為最好的教學回饋。當問答成為日常，教學就要進化到第二部分：學生自主發問。學生能夠問出好問題，代表他已掌握學習之鑰。

這些都學會了，最重要的基石，是回到建立學生的態度與價值觀；「好老師帶學生進天堂」，然而「不好的態度與價值觀卻可能敲開地獄之門」。由此觀之，本書全方位指引如何做個良師，本人有幸先睹為快，邀您一覽。

蕭霖（國立暨南國際大學教育政策與行政學系副教授）

作者序
山轉，路轉，人跟著轉

甫開學，教室裡剛入學的小小新鮮人琅琅有聲的讀著課本上的圖文：「一聲平平的，小豬的『豬』；二聲向上揚，山羊的『羊』；三聲向下再上揚，袋鼠的『鼠』；四聲往下掉，紅鶴的『鶴』。」聲音稚嫩卻有力，手勢也跟著聲調上上又下下。注音符號教學是小學的入門券，以小朋友喜歡的動物切入學習，頗能引起孩子們的興趣。

幾番練習，對聲調有基礎認識之後，我問：「小朋友，你的名字是什麼？各是幾聲？要怎麼比出聲調手勢呢？」只見小朋友眼神一亮，紛紛注意起自己的名字，唸唸有詞起來：「鄭，四聲；鈦，四聲；靈，二聲。」然後小手連著兩次往下撇再往上揮。拼音一時卡住還有熱心的鄰座幫忙：「你叫什麼名字？卓是二聲。」「那你的名字是什麼？要這樣比……」教室裡好熱鬧，小朋友將剛學到的聲調辨別馬上運用到自己的名字，也藉機認識不少新同學，開心的表情彷彿述說著學注音符號好有趣，還可以變成比畫名字遊戲。

這天的回家功課是「親子活動：又說又比，用家人的名字玩聲調遊戲」。隔天小朋友到學校興高采烈的分享：「我知道我阿公阿嬤的名字喔！我比給你們看。」「我爸爸的名字都是二聲耶！手一直向上揚就對了。」「我還教我妹妹比她的名字喔！」「我也有教我弟弟，一聲就是站得像士兵一樣。」家長的迴響也很熱烈：沒想到學校功課這麼好玩；小朋友知道了好多親朋的名字，同時促進了親子互動；全家比手畫腳笑翻天，孩子們對聲調也更有概念了。

這是什麼？整合知識、技能、態度與價值，放在生活化的情境裡，然後訴諸行動，這就是素養導向的教學。難嗎？不會，真真切切落實於生活中的學習。

二〇二〇年春節前後，武漢市爆發新冠肺炎，隨即引發全球大流行，各級學校史無前例的延後開學，多出來的假期，我的學生一點也不擔心沒事做，班級親師群組裡大家互相提醒「閱讀、運動、家事，生活的日常」。全國最大國際書展延期，大家減少外出，我鼓勵家長和學生在網路書展購書閱讀，準備筆記本讓孩子把聽到的時事新聞、感受的生活變化，用紙筆寫畫記錄下來，多出來的假期一樣可讓身心安頓。

這是什麼？這就是平日在班級經營中形塑的態度價值所表現出來的素質。新課綱上路了，核心價值「素養」，直指一個人為適應現在生活及面對未來挑戰，所應該具備的知識、能力與態度。其立意雖好，但對眾多老師、家長及教育工作者來說，仍像飄在雲端，是深不可測的理論。

每每寒暑假縣市開辦的研習都是最大容量的場地，但常開放報名就秒殺額滿，顯見大家對新課綱的期待與焦慮。老師們渴望改變，但也害怕改變或不知如何改變，也有更人慾求渴望建立專業。家長想知道學校裡孩子們的學習內容及方式有哪些改變，課堂上課的具體畫面為何，好讓他們更加理解新課綱的教學面貌，以協助孩子適應。

服務教職近三十年，我深知一套「簡易、可行、好操作」的系統化教學策略對師生的影響，因此，我提筆寫下我在教學現場的觀察與體會。

老師們別緊張，素養導向的教學考驗教師的課程設計能力，其實課程設計不難，做好精準的教材分析，設定課程目標與學習重點，在教學活動中就可以讓學生探究出該習得的知識技能，並養成關鍵能力。

家長們別擔心，新課綱在不同教育階段有不同的任務目標，小學是基礎的學習奠基，不論是學習態度的養成、知識底樁的涵養，都應該在小學階段「慎始」。透過這一本書了解教室裡上課風景，體察老師與學生間的互動樣貌，您也是學習共同體裡真實的參與者，並能親師同調的拉拔孩子展現風姿。

我對新課綱的想法是「山轉，路轉，人跟著轉」的體會，老師、家長、學生的做法觀念都要跟上改變。新課綱強調以學生為主體，而學生會成為什麼樣的主體、能有什麼樣的素質，在學校需要老師的帶領，在家需要父母的引導。教室裡老師的位置很重要，亙古不變，改變的是要將學生邀請進來，讓學生思考、參與、對話與實作。家長運用學校老師的方法協助陪伴與支持孩子，讓孩子在知識探求、自主學習訓練之外，也有正確的態度與價值的建立。新課綱，素養導向，何難之有？

在本書中，我就「課程教學」與「態度價值建立」兩大部分來談。課程教學部分，我希望建立一套「簡易、可行、好操作」的系統化教學策略，透過「提問」來梳理文本脈絡，表現教學設計的深度，以淺語談教學，但帶出深化的課程。態度價值的建立，則在師生互動中表現高品質對話與潛移默化的效果，涵養學生自我了解、問題解決、人際互動、思辨價值與人文關懷的多項素養。

書中所分享的教學案例都是我在深刻理論下的多年教學實作，希望老師、家長們能看到我的強大信念與精實教學內涵，對於「素養」有深層體會。我期待本書有增能的養分，也有實用的參考價值，讓理性的教學與感性的教養，達成知性的教育觀。

目錄

II 素養第二課

自主學習力

Ⅲ 素養第三課

I

素養第一課
老師提問力

——語文閱讀理解這樣教

讓學生以文本進行思考與交流討論進而讀懂，這是閱讀理解的真義。小學基礎階段的閱讀理解需要教師循序漸進的引導，「提問」是師生間最直接的互動形式。

教師的提問策略可讓學生轉換成自己的學習策略，先從教師提問好問題，再到邀請學生練習提問。

方法對了，師生都能享受成功的經驗。

1 如何問得對、問得好？

——學生邁向「優讀者」的關鍵

教學工作之三大準則「簡易、可行、好操作」，是多年來我的職場體會，可讓教學動能持久，也能讓老師們體會樂業，持續敬業，並且將專業展現得淋漓盡致。「提問」就是一種「簡易、可行、好操作」的教學策略。

教學法五花八門，並沒有一套標準化的流程，或是孰優孰劣，只要能達到教學目標、促進有效教學，就是好的教學策略。

小學是所有學制中年限最長的階段，低中高年級學生有各異的智能身心發展與不同的學習目標，但絕對是學科知識、技能操作以及態度涵養的基礎階段，小學教師擔任啟蒙的重要角色，教學必須序列引導。

曾經接受某個博士研究訪談，其中一個問題是：「好老師的圖象是什麼？」我不加思索便回答：「專業、敬業、樂業。」因為這答案早已長存我心。

「專業」是絕對必要的，學科的專門知識以及班級經營的理念轉換操作，不只在師培過程中蓄養，更在走進課堂中實作積累；「敬業」是必然需要的，教師自己看重這職業，才能對工作內容認真負責；「樂業」也不可或缺，在教職這份工作中得到喜樂，身心才能安頓，有了樂業才能安居。

事半功倍的教學型態

絕大多數老師專業、敬業毋庸置疑，但提到樂業，就不見得人人能宣稱自己感受莫大樂趣。眾多因素之外，我認為要能樂業就是要「不過累」，過累會耗盡能量，逐漸心有餘而力不足。人們常說「事半功倍」是最有效的工作型態，那麼，我們在教室裡的耕耘也可以朝有效型態前進。

我常說教學工作要以三大準則前行——「簡易、可行、好操作」；並開玩笑的加碼說生活也要以三大目標邁進——「瘋團購、逛百貨、韓劇陸劇別錯過」，夥伴們聽到總是哈哈大笑，但也點頭稱是。後頭這句玩笑話指的是教師能在應對教學工作時保持心情放鬆，在教職之外的家庭生活、研習進修、休閒安排等也能均衡以對。

「簡易、可行、好操作」是多年來我的職場體會，這三項準則讓教學動能持久，也能讓老師們體會樂業，持續敬業，並且將專業展現得淋漓盡致。「簡易」代表「不難」，不難就有持之以恆的動力；「可行」表示教學策略有效度、能達到目標；「好操作」是簡易好上手，教師可以簡單做、重複做，做久了成為專家。

提問的三個階段

「提問」就是一種「簡易、可行、好操作」的教學策略。提問是師生間最直接的面對面互動，教師的提問策略更可讓學生將之轉換成自己的學習策略。於是，方法對了，師生都能享受成功的經驗。

我認為，提問有三個階段：

第一階段是老師問。老師問好問題，讓學生思考問題、回答問題，真正讀懂。

第二階段是老師邀請學生練習提問。教師提問過程中，慢慢邀請學生進來練習提問，學生會回答問題之外，也要學習怎麼問問題。但學生不是天生會問問題，也不是生而就會問好問題，需要老師的示範及引導。

第三階段是以學生為主體，讓學生全面提問，也就是走向自主學習。在這個階段，教師的準備工作不會更少，也許更多，但會看到學生滿溢的成長。

這一章要談的是從第一階段的「教師提問」漸次加入第二階段的「邀請學生練習提問」。先從課文出發，老師問好問題，訓練學生成為好讀者，朝「優讀者」目標邁進。

從課文出發，是因為在教學現場師生首先面對的文本就是課本，教師對課文能有適切引導，學生會將讀懂的能力遷移到課外學習。

而教師問好問題，就是讓學生跟文本對話，引領學生思考產生質疑，讓學生對文本獲得更深層的了解，正所謂「好問題帶學生進天堂」。而從老師的提問中，學生也能學習到理解文本與問問題的技巧，之後便可以練習自我提問。

閱讀理解的四個層次

教師又該如何問出好問題呢？我們可以用「國際閱讀素養調查」（PIRLS）中的閱讀理解四個層次做提問的基礎思考。這四個層次分別是：直接理解歷程包括「直接提取」、「直接推論」；解釋理解歷程包括「詮釋整合」、「比較評估」。

「直接提取」的內涵：

1 找出與閱讀目標有關的訊息。
2 找出特定觀點。
3 搜尋字詞或句子的定義。
4 指出故事的場景，例如時間、地點。
5 當文章明顯陳述出來時，找到主題句或主旨。

「直接推論」的內涵：

1 推論出某事件所導致的另一事件。
2 在提出一連串的論點後，歸納出重點。
3 找出代名詞與主詞的關係。
4 歸納文章的主旨。
5 描述人物間的關係。

所以，「直接提取」的問題多可以直接在文本的字面上找到，「直接推論」的問題雖在文章中沒有明確描述，但可連結段落訊息推斷關聯、找到答案。

「詮釋整合」的內涵：

1 清楚分辨出文章整體訊息或主題。
2 考慮文中人物可選擇的其他行動。
3 比較及對照文章訊息。
4 推測故事中的情緒或氣氛。

5 詮釋文中訊息在真實世界的適用性。

「比較評估」的內涵：

1 評估文章所描述事件實際發生的可能性。

2 揣測作者如何想出讓人出乎意料的結局。

3 評斷文章中訊息的完整性。

4 找出作者的觀點。

「詮釋整合」與「比較評估」需要讀者詮釋訊息、歸納重要的觀點，以及用批判的方式檢視文章的特性。這兩部分的訊息通常是隱含在字面之下。

因此，教師的提問設計可以這樣想：從低層次問題一路發展到高層次問題；從直接理解歷程逐步引導到解釋理解歷程。

此外，教師在設計提問時也可以參考以下原則，不斷自我監控及檢核：

- 這些問題是怎麼來的？是否從文本而來？

- 這些問題重要嗎？
- 這些問題能促進學生的理解嗎？
- 這些問題是否包含四個層次？
- 這些問題是否能評估文章的形式或論點？
- 這些問題如何排序？提問時是否可以打破段落之間的限制？

若問題能符合上述原則，基本上就不會脫離文本，也能夠讓學生獲得真正的學習。

本單元以低年級、中年級及高年級各一篇教材選文及重要句型來討論，探討教師如何問出好問題，又可以如何問得深入，以提升學生的閱讀理解層次。我們將會發現，教學有無限可能。

2

不只認字，還要真實的讀懂

——低年級的閱讀理解

讓孩子的優質思考開展，從低年級就要開始。

教師提問好問題，讓每一個問題都不脫離文本，在學生零碎的發言中穿針引線，協助學生建構出文本的完整面貌，真真實實的讀懂！

一般人對低年級國語課的印象多認為生字詞教學比重偏高、理解教學比重偏低。我認同低年級的國語教學是以字、詞、句為教學重點，但我認為閱讀理解的基礎訓練也要及早開始，低年級的語文課要從字、詞、句，整合成段、篇，呈現出系統化思考的教學策略。

好的課程設計能力佐以教學方法的多元靈活應用，這是教師的基本素養。低年級國語課文雖簡單，簡單的文本要深化教學更顯得不容易，但絕對可以運用文本透過提問，引起學生最大化的思考，讓學生的學習在「進行式」中持續發生。以下就以一篇二年級的課文為例：

天空愛畫畫

周姚萍

天空是個畫家，
每天不停的畫畫。

晴天時，
用金黃色的彩色筆，
慢慢畫出火熱的太陽。

下大雨前，

用沾了墨汁的毛筆，
快快畫出灰黑的雲朵。

黃昏時，
用五顏六色的水彩，
輕輕畫出彩色的晚霞。

天空最愛畫畫，
只要抬頭
就能欣賞他的畫。

教材來源：翰林版國語二上第五課

這一課是新詩，以擬人化寫作技巧，將天空比喻成畫家；把天空中不同的景象，想像成是天空的畫作。

這篇課文是「總說－分說－總說」的形式，首段呼應課文名稱點出主題，中間三段是並列結構，說明不同時間或情境，天空用不同工具畫出不同內容，末段呼應首段重點，並總結抬頭就能欣賞到天空的畫。

每一課都從判斷文體、區分段落開始

一課初始，我會請小朋友先概覽課文，課文至少要讀兩次。如何精讀及細讀在此時不急著提，隨著閱讀基礎愈加穩固及配合教材特性，會慢慢加進訓練。

「這一課的文體是什麼？分成幾段？」我問。這個問題的目的在建立學生對文章有基本的認識。每一課的開始都這樣問，問久了學生會內化成自我思考機制，日後看課文就會養成先判斷文體及區分段落的思考習慣。

「新詩，分成五段。」學生回答。學生能以空行區分新詩的段落。接著，學生會在各段落上面標示出「一、二、三、四、五」的數字，表示段落順序。別小看這個動作，標示段落數字能讓學生迅速找到段落所在，當老師問線索是從第幾段找出來的，或當討論提到某段時，學生可以很快聚焦到該段。

老師──本課課文名稱是什麼？

學生──天空愛畫畫。

老師──從課文名稱可以判斷這一課的主角是誰嗎？

學生──天空。

老師──那麼，從課文名稱可以知道這一課要描述天空的主要事件是什麼呢？

學生──畫畫。

老師──好，從課文名稱我們可以得到兩個重點：課文的主角是天空，這一課在說他畫畫的事。（我做個簡單歸納。）

提問從課文名稱著手，是因為課文名稱和課文內容一定有關聯。

以本課來說，敘事的五個要素「人事時地物」中，學生能從「天空」和「畫畫」這兩個關鍵詞得到「人」、「事」、「地」三個重要訊息。讓學生養成觀察課文題目、判斷重要訊息，這一點很重要。

「這一課裡有沒有不懂的語詞？」無人舉手應聲，因為這一課使用的語詞淺顯且生活化，學生都能理解。

「接下來，老師問的問題，都要請你在課文中找線索、找答案。」這個提醒很簡單卻很重要，表示小朋友的發想、思考、回答都要以文本為主，不是天馬行空或是毫無根據。

「天空的職業是什麼？」這是屬於字面提取的問題，學生很快能找到答案所在，全班迅速舉手表示知道。

老師——**第幾段？**

學生——第一段。

老師——**讀出來。**

學生——天空是個畫家。

「『每天不停的畫畫』，這句話代表什麼意思？」我再問。接著學生就呼嚕呼嚕的把中間三段讀完。不加思索盲念課文，這是小學生直覺反應的特性。我說中間這三段寫的是：天空在什麼時間和情境、用什麼工具、畫出什麼樣的內容。

「『每天不停的畫畫』，這句話代表什麼意思？」我再把問題說一次。這會兒，小朋友就安靜了。

當學生無法回答問題時通常會靜下來，可能是不明白問題內容，也可能是這問題對他們來說是個難題。於是，我必須促進他們理解我的問題在問些什麼。

「老師有說過『句子和句子之間，彼此有關聯』，那麼，你們必須回到第一段，讀一讀，看看句子之間彼此有什麼關聯。」聽到我這樣說，學生便會將眼光回到課本，開始讀著「天空是個畫家，每天不停的畫畫……」讀著也想著，之後小手就會舉起來了，表示可以試著回答了。

「老師，我知道了。天空是個畫家，這是他的職業，所以他每天不停的畫畫，因為這就是他的工作。」

「老師，我也知道了。課文名稱是『天空愛畫畫』，因為他愛畫，所以他每天不停的畫，因為他就是很愛畫。」

「老師，我也可以回答。天空是個畫家，因為他愛畫畫，所以他當畫家，每天不停的畫，表示他很愛畫，他很喜歡這個工作。」

學生陸續的發表觀察句子所感，我盛讚他們很棒，會思考句子之間的關聯性，也能回到課文名稱發想。

「既然天空是個畫家，他每天不停的畫畫。那麼，我們來看看，天空在什麼時間和情境、用什麼工具材料、畫出什麼樣的內容。」這一段話的引導是要讓學生把思考從句子之間的關聯帶進段落之間的關聯，也繼續推進課文。

「晴天時，天空用什麼樣的工具畫畫？」這是屬於字面提取的問題，學生很快舉手說：「第二段，晴天時，天空用金黃色的彩色筆畫畫。」

老師——畫出什麼樣的內容？

學生——慢慢畫出火熱的太陽。

老師——什麼時候天空會用沾了墨汁的毛筆畫畫？

學生──下大雨前。

老師──畫出什麼樣的內容？

學生──快快畫出灰黑的雲朵。

「很棒！」我稱讚學生，「你們很會找線索回答問題，但也要練習問問題。現在，針對第四段，換你們問問題，然後邀請大家回答。」

於是有學生問：「黃昏時，天空用什麼樣的工具畫畫？畫出什麼樣的內容？」也有人問：「什麼時候天空會用五顏六色的水彩畫畫？畫出什麼樣的內容？」學生提問這兩個問題，其他人也能答對，我稱讚全班很會回答問題，也很會問問題，很優秀。

這裡可以發現，學生的提問是順著前面我的提問走出來的，這就是教師示範作用的重要性。學生除了思考答案，也要在文本中找出文句的規則性，習得提問的能力。

「彩色的晚霞是怎麼畫出來的？」接著換我問，以這個問題檢視學生對第四段的理解。學生回答：「是黃昏時，天空用五顏六色的水彩，輕輕畫出來的。」

課文中間三段是並列的結構和句式，學生可以觀察到句子的規則，老師雖然可以用一致的問句來提問，但通常我會變化提問方式。把我的這三個問句放在一起便可看出比較：

- 晴天時，天空用什麼樣的工具畫畫？畫出什麼樣的內容？
- 什麼時候天空會用沾了墨汁的毛筆畫畫？畫出什麼樣的內容？
- 彩色的晚霞是怎麼畫出來的？

變化提問會讓學生產生新鮮感，不至於臆測老師課堂上只用同一招式；再者，變化提問最主要的目的在以循序漸進的問題，拉高學生閱讀理解的層次。

「天空畫畫的態度都一樣嗎？」我拋出這個問題。學生迅速回答「不一樣」，語氣十分肯定。「理由是什麼？」當我請學生說明他們如何判斷天空畫畫態度是不一樣的，他們的老毛病就又犯了，直覺唸出中間段課文的內容。我提醒，這是剛才討論過的，天空在什麼時間和情境、用什麼工具、畫出什麼樣的內容。

「天空畫畫的態度都一樣嗎？」我複誦問題。學生說「不一樣」，但隨後就安靜了，顯然對他們而言這又是個難題。問難題不是壞事，學生安靜更是好事。

我常常開玩笑說，老師們花許多力氣在做班級秩序的管理，其實只要問難題、問高層次問題，通常就能讓學生安靜了，因為高理解層次的問題不容易回答，需要沉靜思考。

面對學生困惑眼神，我需要想方設法讓他們聽懂我在問什麼，也要協助他們發展解惑的學習策略。

讓學生自己讀懂，比告知答案更珍貴

我說：「『天空畫畫的態度都一樣嗎？』這個問題指的是，天空畫畫時的想法、做法都一樣嗎？」學生眼神稍亮些了。我輕推一把：「老師有說過『段落和段落之間——』」聽到這句我老是掛在嘴邊的話，學生會反射性動作的回答「彼此有關聯」，但他們常不知道關聯性在哪裡。

我鼓勵學生回到課文中間段讀一讀，思考段落之間的關聯性。這時，嘴巴微張的小孩們眼光才又再回到課文中唸唸有聲，思考的眼神也出現了。

些許等待後，小杰微微舉手，怯生生的，像搔頭弄耳一般。從舉手手勢就可感受學生的信心，篤定時一副「選我！選我！」般的高舉並揮手，不肯定時就似有若無的半舉。

我邀請他回答，再附上一句也是我常掛在嘴邊的話：「說說看，在教室裡說錯了沒關係。」小杰站起來，輕聲說出「慢慢、快快、輕輕」六個字。

我給他一個微笑並說：「八九不離十了，說清楚！」

每當討論中你來我往看似理不清時，只要我說「八九不離十」，學生就會有放心鬆口氣的表情，煞是有趣，表現出對這句話苦苦的等待之後，「終於！好不容易！知道了！想到了！對到了！」的喜悅。

這時，小杰的語氣高亢了起來。

「老師，我知道了，天空畫畫態度是不一樣的。那個火熱的太陽是慢慢畫出來的，因為太陽不是一下子就很熱，早上八點時有一點熱，九點又熱一點，十點更熱一點，十二點最熱。他是慢慢熱，所以火熱的太陽要慢慢畫。」

真可愛！真棒！二年級學生的口語表達能力雖還不精準，但總是竭盡所能的表達，我誇張的稱讚小杰太棒了，可以將桌椅搬到四年級跳級去上課了。這時，其餘學生猶如醍醐灌頂，也紛紛舉手了。

「老師，我也知道了，灰黑的雲朵是快快畫出來的。因為大雨是『啪』一下子就下了，所以要快快畫。」

「老師，我也知道了，彩色的晚霞是輕輕畫出來的。要輕輕的畫，才能畫出五顏六色的感覺。」

「老師，有的晚霞顏色淡淡的，要輕輕畫，就會畫出五顏六色。」

這下小朋友因為讀懂課文而高興萬分、神采飛揚了起來。這種自己反覆思考、辨證討論後得到的「讀懂」意義非凡，比老師直接告知答案來得更珍貴。

接著，我把討論整理一下。

老師──所以，火熱的太陽是怎樣畫出來的？

學生──慢慢畫出來的。

老師──灰黑的雲朵是怎樣畫出來的？

學生──快快畫出來的。

老師──彩色的晚霞又是怎樣畫出來的？

學生──輕輕畫出來的。

老師──天空畫畫的態度都一樣嗎？

學生──不一樣。

老師──表示天空畫畫之前是不是仔細觀察過、想過才動筆？

學生──是！

「那麼，怎樣才能欣賞到天空的畫？」我問。這問題是字面提取訊息，不難。沒想到全班異口同聲、開心的說：「躺下來！」我差點噗的笑出聲。

低年級小朋友就是這麼可愛，直覺思考常常都以生活經驗為主。我說：「躺下來就能欣賞到天空的畫，是因為你曾經躺下來看到過，對不對？」學生點頭。

「但是，根據課文內容，怎樣才能欣賞到天空的畫？」我問。

學生聽到我說「根據課文內容」，恍然大悟，這才將眼光回到課本，找到了線索並紛紛舉手。

老師──第幾段？

學生——第五段。
老師——讀出來！
學生——（大聲的讀）只要抬頭就能欣賞他的畫。
老師——這一課的文體是新詩，一句一行的形式。但是，課文的內容是屬於什麼類型？（處理完內容深究部分，我接續提問形式深究。）
學生——說明文。
老師——不是說明文，是記敘文。什麼人、在什麼時間、什麼地點、做什麼事，這是記敘文的內容。

學生判斷錯誤也沒關係，隨著閱讀的文本漸多，慢慢的他們會熟悉各類文體的特性。隨後我們提取並討論比喻句與條件句。這部分學生已熟悉，因為在前幾課已有深入討論。

天空是個畫家，每天不停的畫畫。（比喻句，擬人化寫法）
天空最愛畫畫，只要抬頭就能欣賞他的畫。（條件句）

在操作中學習、驗證

這一節四十分鐘的課接近尾聲時，我安排了一個操作活動。我請各組派出代表刺破電子白板上的氣球，看看六組分別抽到什麼主題。抽到「晴天時」的兩組，就從個人美勞工具箱中拿出彩色筆；抽到「黃昏時」與「下大雨前」的各有兩組，就到我這邊領取毛筆、墨汁、水彩與水彩筆。我們要「畫畫」。

課文內容提到，天空在不同時間與情境，用不同工具，畫出各異其趣的景象。我希望學生對文本要有質疑與驗證的能力，課文這樣寫，是真的嗎？我真的可以用金黃色的彩色筆、沾了墨汁的毛筆和水彩，畫出課文所提到的景象嗎？因此，我們實地做一次。

小朋友在操作時，眼睛都是炯亮有神的，身體都是充滿動能的。當完成畫作時，小朋友不斷驚呼：「真的耶！我可以跟課本一樣，畫出火熱的太陽和灰黑的雲朵，還有彩色的晚霞。」一小朋友說這跟和家人到新竹南寮漁港看過的晚霞一樣，五顏六色的。

以操作檢驗文本，真真實實呼應到杜威所說的「Learning by Doing」，學生可以在操作中學習，在操作中驗證。

這天並有一張學習單做為家庭作業，以思考地圖中的樹狀圖（Tree Map）整理出課文重點。學生進行這項作業並無困難，因為課堂上透過討論，已經將課文解構清楚，學習單讓學生重新建構課文脈絡，同時也可用來驗證學生是否真正讀懂了。

這一堂課也是公開觀議課，大學教授帶著四十個大學生做教學觀察，課後進行座談議課，大學生提出許多問題，包含班級經營與教材教法等。有人提問：「為何葉老師要提問『天空畫畫的態度都一樣

學習單設計範例：利用樹狀圖，引導學生整理出課文重點

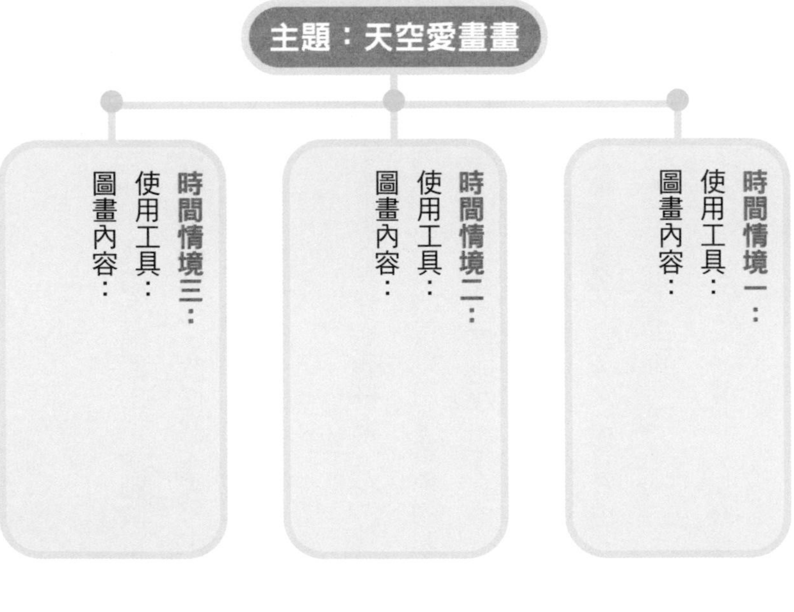

嗎？』為什麼不提示『慢慢、快快、輕輕』是疊字詞？」

我回覆，疊字詞並不是本課重點，這回答讓大學生十分詫異。

教師須做精準的教材分析

閱讀理解的最高層次是洞悉作者要表現的形式和觀點，若文章中沒有明確提出作者觀點，教學經驗不足的教師或許可以在備課用書（或稱教師手冊）中查閱相關教學重點。但備課用書只是參考，不是絕對，也不是唯一。我認為教師應該以自身專業發展教學想法，在教材分析時，教師便要不斷和作者對話，揣摩作者的心意；同時，「和作者對話」的思考模式，也應該引領學生體會。

我說：「疊字詞是不是重點可以請教作者，若無法和作者面對面就必須揣摩。我們可以試想作者的用意是什麼？作者想要小朋友知道天空畫畫的態度是不一樣的嗎？因為火熱的太陽是慢慢畫出來的，灰黑的雲朵是快快畫出來的。還是作者更想要小朋友知道他使用了疊字詞？」

大學生想想後說：「作者應該是希望小朋友知道，天空畫畫的態度是不一樣的。」我說這就對了。大學生接著問：「那麼，何時教疊字詞？」

「疊字詞在哪一課是重點就在哪一課引導，在這一課不是。」我說。事實上，疊字詞的修辭特性在一年級就已經打下基礎了。

因之，教師必須要做精準的教材分析，知道該課的教學重點，揣摩作者的心意，分析學生的起點行為；也就是教師要了解學生已經具備哪些知識和技能，這是設計教學活動的依據，便可以安排序列的提問，提出能促進學生對課文充分理解的問題，讓學生讀懂。若不篩選教學重點，課堂要塞進的材料太多，看似什麼都教，卻船過水無痕，學生得到的可能只是疲累。

讓孩子的優質思考開展，訓練學生成為好讀者、成為優質的讀者，就從教師提問開始，從低年級就要開始。教師提問好問題，讓每一個問題都不脫離文本，而老師更要在學生零碎的發言中穿針引線，協助學生建構出文本的完整面貌，真真實實的讀懂！

3

說明文，其實沒有那麼難

——中年級的閱讀理解

說明文教學從理解到思考，從讀到寫，先透過提問搭建橋樑，課文讀懂了就可以應用到寫作上。

學生閱讀理解的基本功，仍須老師一步一腳印的帶領，過程拆解細節雖耗費時間但必將形成能量，再走到寫作就是開展能力了。

生活中常見到各式說明文，例如標誌、產品使用說明書、遊樂園或名勝景點的導覽圖、百科全書等。說明文通常富含知識或操作應用技巧。

每一種文體都有其特質，記敘文、詩歌、劇本、相聲、應用文等，這是學生容易辨識的文體。而抒情文、說明文、議論文則比較不容易理解。說明文旨在解說事物的特徵、功能、成因或發展等，簡潔扼要的文字特性，讓小學生覺得說明文不好親近。

隨著年級增長，學生接觸的閱讀類型愈多，閱讀能力必須要提升及適應；加以國際閱讀素養評量也強調說明文的重要，學生必須有效率的閱讀說明文。但事與願違的是，學生不太理解也害怕說明文，那麼，老師的任務就是用淺顯易懂的語言促進學生對說明文的理解。以下就以一篇三年級的課文為例：

馬太鞍的巴拉告

居住在花蓮馬太鞍溼地的阿美族人，有一種特別的捕魚方式。他們不是辛苦的去找魚，而是打造一個讓魚可以安心生長的魚屋，讓魚自己住進來，用阿美族的話來說，這個魚屋就叫做「巴拉告」。

阿美族人利用溼地地形為魚蓋魚屋。這個特別的魚屋有三層：底層是中空的大竹子，住在這裡的魚喜歡晚上出來活動；中層有許多細樹枝，因為這裡大魚進不去，所以是小魚最安全的生活空間；最上層放著許多水生植物或大片的葉子。

魚屋蓋好以後，大魚會到這裡找食物，上層的水生植物，讓牠們不容易被水鳥發現。大魚沒吃完的食物會往下掉，有的卡在中間的細樹枝上，成為小魚、小蝦的點心。死掉的魚也會沉到最底層，躲在大竹子內的魚便有食物可吃。

過了一段時間，魚屋裡的魚愈來愈多，阿美族人想要吃魚的時候，不用出海，也不用辛苦的等魚上鉤，只要拿著魚網到這裡抓魚，就可以好好享受了。

馬太鞍的「巴拉告」，讓我們看到阿美族祖先的智慧。阿美族人用這種聰明的方法捕魚，也讓大自然的生態生生不息。

教材來源：康軒版國語三上第七課

什麼是說明文？望文生義，說明文就是說明事理的文章，有明確的主旨，讓讀者理解作者所知道的事實，寫作態度是冷靜的，不注入個人感情。

這一課〈馬太鞍的巴拉告〉是小朋友升上三年級後第一次接觸的說明文，內容、篇幅都較低年級多，旨在說明馬太鞍溼地聰明的捕魚方式巴拉告，能讓大自然生態永續經營。

小學國語課本的說明文分成兩種類型，一種是總說—分說—總說，也就是「總—分—總」的架構；另一種是3W架構：是什麼（What）、如何做（How）、為什麼（Why）。

本課就是3W的架構，依序說明「巴拉告是什麼」、「如何做巴拉告」、「為什麼要做巴拉告」。

師生都偷懶，教與學都不會有效果

相信很多人沒去過馬太鞍溼地、沒看過巴拉告，我也是。促進理解的好方法之一是「眼見為憑」，能實地參訪觀察最好，若未親臨現場，影片欣賞仍能有視覺效果。

網路上及電子教科書都有許多介紹巴拉告的影片，但我不想在課程初始便用影片讓學生「輕鬆」的認識巴拉告。如果老師一上課就讓學生看影片，完全沒有任何前置提問或鋪陳引導，老師很偷懶；如此容易養成學生動不動就說「老師，給我們看影片」的學習態度。當師生都偷懶，教與學都不會有效果。我希望學生「自己發現」，透過思考進而讀懂，而不是被動、被灌輸。

閱讀理解首要就是以文本為主，學生要能看懂文字、理解文字，因此，這一課我也用教師提問的方式，單純以文本讓學生親近文字，進而讀懂。

學生默讀課文之後，我依慣例提問「這一課的文體是什麼，分成幾段？」目的在建立學生對文章的基本認識，學生回答「記敘文，分成五段。」

我問，判斷為記敘文的理由是什麼？學生說「記敘文會敘述『什麼人、在什麼時間、什麼地點、做什麼事。』第一段說到阿美族人在花蓮用特別的方式捕魚，所以這是記敘文，寫事情為主的記敘文。」

顯然學生對記敘文有基礎概念，但還沒有分析能力，我需要在這個基礎之上加深其正確的知識內涵。

「寫事為主的記敘文，基本上會描述什麼人、在什麼時間、什麼地點、做什麼事；但也會清楚描述事件的開始、經過和結果，也會有人物的對話、動作和想法。」接著，我請學生找一找，課文中是否有事件的開始、經過和結果，是否有人物的對話、動作和想法。學生說線索很少，這樣好像就不符合記敘文的特性。

我說，這一課並不是記敘文，是說明文。說明文就是說明事物道理的文章。只要掌握三把鑰匙，就可以輕鬆開啟說明文大門，找到說明文完整藏寶圖。

我又說，要拚出藏寶圖完整的面貌，當然要先知道主題是什麼？主題會在課文名稱揭示出來。小朋友從課文名稱「馬太鞍的巴拉告」判斷主題是「巴拉告」，但不知道「馬太鞍」及「巴拉告」是什麼。

我問，是否可以在課文中找到關於「馬太鞍」以及「巴拉告」的敘述。有學生說，第一段就說了：「居住在花蓮馬太鞍溼地的阿美族人，有一種特別的捕魚方式。」所以「馬太鞍」是地名，是溼地，在花蓮。

我又問學生是否聽過「巴拉告」這個名詞，都沒有，更是沒有人看過巴拉告。我說沒聽過也沒看過巴拉告沒關係，但很清楚的，「巴拉告」就是這一課的主題。

確定了本篇說明文藏寶圖主題是「巴拉告」，我在白板寫下「巴拉告」，並以三個區塊代表三把鑰匙，要學生來揭開巴拉告的神祕面紗。

這三把鑰匙的通關密語就是「What——巴拉告是什麼？」、「How——如何做巴拉告？」、「Why——為什麼要做巴拉告？」。而所有的蛛絲馬跡都要在課文中找線索、找答案，意即以文本為主。

配合說明文特性，使用的圖像是樹狀圖。

用尋寶方式，提出通關密語，要學生找出鑰匙解開謎團，學生頗感興趣，但若沒有老師適切的提問引導，學生還是很難掌握課文重點。因此，我還是以清楚有序的提問來促進學生對文本的理解。

說明文教學範例：利用樹狀圖，引導學生從課文中找到答案

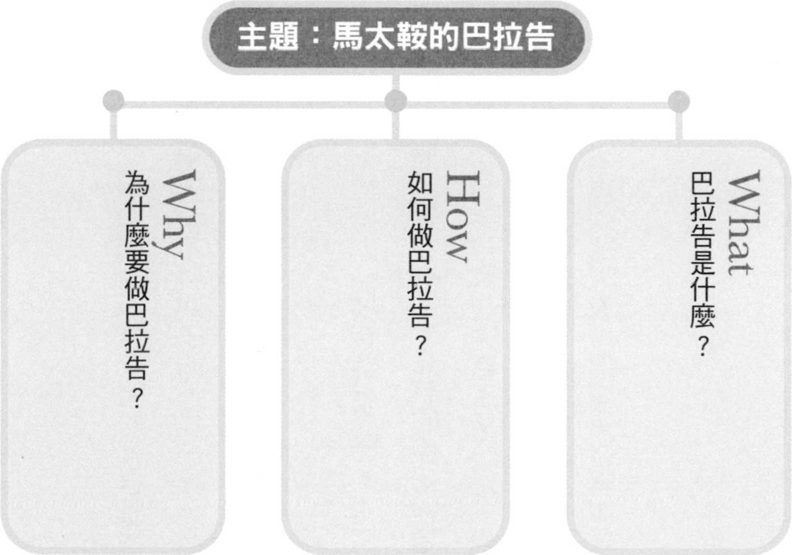
主題：馬太鞍的巴拉告
What
巴拉告是什麼？
How
如何做巴拉告？
Why
為什麼要做巴拉告？

尋找第一把金鑰：是什麼（What）？

「課文主題是『巴拉告』，巴拉告是什麼？說明文有一個特性，文章一開始就會說明主題概念，讓讀者第一時間就明白，這叫開門見山，說明文通常不賣關子的。找一找，課文一開始有沒有提到巴拉告？先找出揭示『巴拉告』的那一句話。」首先，我讓學生知道說明文首段的特性，並注意首段訊息。

學生讀出「這個魚屋就叫做『巴拉告』。」於是，學生知道了巴拉告就是魚屋。

國語課上我不斷提點學生，讀文章基本要求是看一個完整的段落，完整的段落裡還會分成更小段落；讀小段落的技巧是，從一個句號的開始讀到下一個句號結束。於是，我請學生就揭示巴拉告的這個句子讀出小段落。學生讀出「他們不是辛苦的去找魚，而是打造一個讓魚可以安心生長的魚屋，讓魚自己住進來，用阿美族的話來說，這個魚屋就叫做『巴拉告』。」

老師──「他們」是誰？

學生——居住在花蓮馬太鞍溼地的阿美族人。

阿美族人建造的魚屋就叫做「巴拉告」。

老師，巴拉告就是魚屋。（學生抓到第一段重點了。）

老師——**沒錯，巴拉告就是魚屋。**（但我還要透過精緻的提問，讓學生理解關鍵字。）

「屋」有什麼意思？

學生——房子或住的地方。

老師——**屋就是居住的房舍，魚屋給誰住的？**

學生——魚屋是給魚住的。

老師——**你住在自己家裡，有沒有安心長大？**

學生——有。

老師——**所以魚屋也是要讓魚安心生長的，課文裡有沒有提到這一句話？讀出來。**

學生——阿美族人打造一個讓魚可以安心生長的魚屋，讓魚自己住進來。

老師——**一般蓋屋子都是給人住的，有聽過蓋屋子給魚住的嗎？**

學生——沒有，第一次聽到。

老師——所以課文裡這樣寫「阿美族人，有一種特別的捕魚方式。」

學生——原來如此！真的是句子和句子之間彼此有關聯耶！（學生被點通了。）捕魚很辛苦，但是阿美族人不用這麼辛苦，他們蓋魚屋讓魚住進來，所以很特別，這個魚屋就叫做巴拉告。

老師——What——巴拉告是什麼？

學生——在課文的第一段，巴拉告是阿美族語「魚屋」的意思。巴拉告是馬太鞍溼地的阿美族人特別的捕魚方式，他們蓋魚屋。（學生找到第一把金鑰，雀躍不已。）

尋找第二把金鑰：如何做（How）？

老師——既然是蓋魚屋，就要有蓋屋的概念，這個魚屋怎麼蓋的？有幾層？

學生——有三層。

老師——這三層分別用什麼材料建造？

學生——底層是中空的大竹子，中層是細樹枝，最上層是水生植物或大片的葉子。

老師——用不同材料建造不同的樓層，一定有其特性或理由，先找一找，三個樓層的住客分別是誰？

接著，學生小組討論，報告討論結果也要說明證據理由。

「住在最底層的是魚，因為課文寫『底層是中空的大竹子，住在這裡的魚喜歡晚上出來活動』。」

「住在中層的是小魚和小蝦，因為第二段寫『中層有許多細樹枝，因為這裡大魚進不去，所以是小魚最安全的生活空間』，所以中層住小魚；第三段還寫『大魚沒吃完的食物會慢慢往下掉，有的卡在中間的細樹枝上，成為小魚、小蝦的點心』，所以中層除了住小魚，也有小蝦。」

「最上層住大魚，因為第三段寫『魚屋蓋好以後，大魚會到這裡找食物，上層的水生植物，讓牠們不容易被水鳥發現』，所以最上層也是魚。」

學生能有所根據的回答，我稱讚之。

「魚屋形成三層生態一定有它的道理，課文裡有說明嗎？」這個問題稍難，學生愣住了，我請學生回到文章中找線索。先自己想，再進行小組討論後回答。

「上層有水生植物及大片葉子形成保護網，大魚不會被水鳥發現；中層有上層掉落的食物，加上細樹枝也是保護網，大魚進不去細樹枝，小魚小蝦很安全；死魚往下沉會變成躲在底層大竹子內的魚的食物，所以三層都有自己的特色。」我稱讚學生整理得很好。

「最上層和底層都是住魚，是一樣的魚種嗎？」我繼續問。

這個問題雖沒有在課文中出現，但在圖說中有，為了讓學生知道說明文的圖有其重要性，我以問題做為釣餌。

學生說應該不一樣，但課文只提到「底層是中空的大竹子，住在這裡的魚喜歡晚上出來活動。」只能知道底層的魚喜歡晚上出來活動，並沒說到最上層的魚有什麼特性以及是什麼魚。

這一個問題同時可以練習推論，我示範我的閱讀想法。「課文裡如果沒有線索，那麼可以注意是否有圖示，說明文如果有圖，上頭還有解說文字，是要輔助讀者理解主題的。因此，看到說明文的圖就要特別注意並仔細閱讀。」

我請學生先看「魚屋結構解說圖」，圖中標示魚屋上層、中層及底層放置的材料。之後再看「魚屋生態解說圖」，用魚屋實景的圖片拉出解說框，具體說明在魚屋三層活動的生物種類。

在上層至中層活動的大魚有吳郭魚、鯽魚等；在中層活動的是小魚、小蝦；在底層活動的動物喜歡鑽泥巴，或在深水底層活動，屬於夜行性的魚類，例如鰻魚、土虱、鱔魚、泥鰍等。

學生說原來是這樣，解說圖具體說明在上層和底層活動的魚的名稱，又說明在底層活動的動物喜歡鑽泥巴，所以這個魚屋蓋在溼地。

我補充說明，最底層放的是中空竹子，竹子的特性是圓筒狀，適合鑽來鑽去，於是體形細長又滑溜的魚就適合住在底層。

我問：「How——如何做巴拉告？」

「在課文的第二段和第三段，巴拉告有三層，最上層放水生植物或大片葉子，給大魚住；中層是細樹枝，給小魚小蝦住；底層是中空大竹子，給喜歡鑽泥巴或在晚上活動的魚住。」學生依序回答，找到第二把金鑰，

尋找第三把金鑰：為什麼（Why）？

剩下最後一把金鑰了，我問「Why——為什麼要做巴拉告？」學生說線索應該就在第四段與第五段。但這兩段的敘述學生比較難統整。

我提點說明文的結尾通常是結論，就是總結，也要多注意。

我先問學生，末段的重點句在哪裡？

學生說每一句都是重點，很難選擇。

有人說是「馬太鞍的『巴拉告』，讓我們看到阿美族祖先的智慧。」也有人說是「阿美族人用這種聰明的方法捕魚，也讓大自然的生態生生不息。」

我說，不管哪一句是重點，其實彼此不衝突。

老師——老師有說過，句子和句子之間——，段落和段落之間——（我等待學生接續我的話。）

學生——彼此有關聯。

老師──那麼，第五段說「我們看到阿美族祖先的智慧」，這智慧指的是什麼？看看句子和段落彼此的關聯。（我提醒學生並進行小組討論。）

學生──老師說過「也」就是並列，上下句都要看，所以阿美族祖先的智慧就是會用聰明的方式捕魚，還有，讓大自然的生態生生不息。

老師──聰明的方式是怎樣的方式？（我促進學生能有更具體的概念。）

學生──有了，就是第四段說的，不用出海也不辛苦，拿魚網抓魚就可以享受了。

老師──恭喜你們即將找到第三把金鑰，說說看，Why，為什麼要做巴拉告？

學生──巴拉告表現阿美族祖先的智慧，用不辛苦的聰明方式捕魚，也讓大自然生態生生不息。（學生對於第三把金鑰入袋感到開心。）

「說明文」和「記敘文」，超級比一比

最後，我讓學生小組討論，畫出課文各段的重點句（即下頁藍色字），並以樹狀圖完成說明文藏寶圖，也就是彙整課文重點，依序整理出3W。

居住在花蓮馬太鞍溼地的阿美族人，有一種特別的捕魚方式。他們不是辛苦的去找魚，而是打造一個讓魚可以安心生長的魚屋，讓魚自己住進來，用阿美族的話來說，這個魚屋就叫做「巴拉告」。

阿美族人利用溼地地形為魚蓋魚屋。這個特別的魚屋有三層：底層是中空的大竹子，住在這裡的魚喜歡晚上出來活動；中層有許多細樹枝，因為這裡大魚進不去，所以是小魚最安全的生活空間；最上層放著許多水生植物或大片的葉子。

魚屋蓋好以後，大魚會到這裡找食物，上層的水生植物，讓牠們不容易被水鳥發現。大魚沒吃完的食物會往下掉，有的卡在中間的細樹枝上，成為小魚、小蝦的點心。死掉的魚也會沉到最底層，躲在大竹子內的魚便有食物可吃。

過了一段時間，魚屋裡的魚愈來愈多，阿美族人想要吃魚的時候，不用出海，也不用辛苦的等魚上鉤，只要拿著魚網到這裡抓魚，就可以好好享受了。

馬太鞍的「巴拉告」，讓我們看到阿美族祖先的智慧。阿美族人用這種聰明的方法捕魚，也讓大自然的生態生生不息。

說明文教學範例：利用樹狀圖，學生得以找到金鑰，完成藏寶圖

主題：馬太鞍的巴拉告
What
巴拉告是什麼？
阿美族人建造的魚屋就叫做巴拉告。
How
如何做巴拉告？
魚屋有三層：上層是水生植物或大片葉子，給大魚住；中層的細樹枝住小魚、小蝦；最底層是躲在大竹子內的魚。
Why
為什麼要做巴拉告？
巴拉告表現阿美族祖先的智慧。阿美族人聰明捕魚，也讓大自然的生態生生不息。

透過圖像整理，課文內容清晰有序。

學生在理解說明文之後，我想讓他們更進一步理解說明文和記敘文不同的寫作風格。我事先將這篇課文改寫成記敘文形式，影印後發下，請學生閱讀並比較：

參觀馬太鞍的巴拉告（改寫成記敘文）

這個星期日，爸爸帶我去馬太鞍溼地遊玩。爸爸告訴我，阿美族人有一種特別的捕魚方式叫做「巴拉告」，他們建造魚屋讓魚住進來，我覺得很好奇，什麼叫做「巴拉告」呢？

接著，我看到有人在示範怎麼做「巴拉告」。他們把中空的大竹子放在溼地的最下面，然後在中間放上許多細樹枝，又在最上面放大片的葉子或水生植物。

我問：「魚要怎麼使用這個魚屋呢？」有一個叔叔親切的笑著對我說：「大魚會在最上層找食物，上層的植物可以保護大魚的安全，讓水鳥不容易發現大魚的蹤影。」我又問：「中間那一層是做什麼用的？」叔叔說：「大魚吃剩的食物會掉到中間的樹枝層，當然就成了小魚和小蝦的點心，而且大魚游不進來，小魚蝦住在這裡很安全。」我覺得很神奇呢！我又繼續問：「大魚吃剩的食物只會掉到中間層嗎？會不會掉到最下面呢？」叔叔摸摸我的頭，稱讚我很聰明，他說：「大魚吃剩的食物有的會掉到最底層，那就給躲在竹子裡的魚享用了。」

我覺得阿美族人很有智慧，他們建造「巴拉告」，想吃魚就到魚屋來抓魚，不必辛苦的拿釣竿釣魚或是出海捕魚，也可以讓大自然的生態生生不息，真令人佩服他們這種聰明的生活方式啊！

學生讀完文章都知道這是記敘文，因為是他們最熟悉的文章類型。

我讓學生去除文章中人物的對話、表情、動作、想法等，找出只描述事實的句子。經過小組討論，學生畫出表現事實的句子（如下頁藍色字）。

參觀馬太鞍的巴拉告（改寫成記敘文）

這個星期日，爸爸帶我去馬太鞍溼地遊玩。爸爸告訴我，阿美族人有一種特別的捕魚方式叫做「巴拉告」，他們建造魚屋讓魚住進來，我覺得很好奇，什麼叫做「巴拉告」呢？

接著，我看到有人在示範怎麼做「巴拉告」。他們把中空的大竹子放在溼地的最下面，然後在中間放上許多細樹枝，又在最上面放大片的葉子或水生植物。

我問：「魚要怎麼使用這個魚屋呢？」有一個叔叔親切的笑著對我說：「大魚會在最上層找食物，上層的植物可以保護大魚的安全，讓水鳥不容易發現大魚的蹤影。」我又問：「中間那一層是做什麼用的？」叔叔說：「大魚吃剩的食物會掉到中間的樹枝層，當然就成了小魚和小蝦的點心，而且大魚游不進來，小魚蝦住在這裡很安全。」我覺得很神奇呢！我又繼續問：「大魚吃剩的食物只會掉到中間層嗎？會不會掉到最下面呢？」叔叔摸摸我的頭，稱讚我很聰明，他說：「大魚吃剩的食物有的會掉到最底層，那就給躲在竹子裡的魚享用了。」

我覺得阿美族人很有智慧，他們建造「巴拉告」，想吃魚就到魚屋來抓魚，不必辛苦的拿釣竿釣魚或是出海捕魚，也可以讓大自然的生態生生不息，真令人佩服他們這種聰明的生活方式啊！

我讓學生將畫起來的句子對比課本原文，學生說和課文說明的內容幾乎一樣了，我說沒錯，說明文特性就是在描述事實、說明事理。說明文和記敘文，真的不一樣。

說明文的寫作應用

知道了說明文的特性之後，我想讓學生大膽嘗試將記敘文改寫成說明文，深化對說明文的認識。使用的文本是第六課的〈不一樣的捷運站〉。

不一樣的捷運站

如果你來到南港捷運站，一定要走出車廂看一看。這裡的月台牆上有一列長長的繪本列車，魔女騎著掃把和列車比賽，車裡的旅客好像在和你打招呼，故事書裡的主角一一出現在眼前，那麼近、那麼美。

如果你經過南港捷運站，也請你走進站裡逛一逛。這裡有許多令人驚喜的創意：兔子和大象陪你走樓梯，小熊和秋千躲藏在車站裡，可愛的小豬穿著舞衣，抱著月亮的小孩是不是就像你，喜歡抱著最愛的玩具。

到底這些圖案是怎麼做出來的？小小的繪本世界，怎麼會出現在大大的捷運車站裡？聰明的人們運用現代科技，先把圖案照比例放大，然後分成許多小片，最後再一一拼貼起來。要重現原來畫作的樣子，需要許多的人力和巧思。

如果你還沒有到過南港捷運站，想不想找個時間來走一走？看看車站裡的圖案多有趣，繪本創意的運用多新奇，相信你也會喜歡上這個不一樣的捷運站。

教材來源：康軒版國語三上第六課

這一課課文主題是邀請捷運旅客、路人或是未曾到訪南港的人來南港捷運站走走看看，文中提到的南港捷運站特色「大型拼貼畫」，可以提取出來寫成說明文。依照3W架構，這篇說明文的架構是：

1 What——大型拼貼畫是什麼？
2 How——如何做出大型拼貼畫？
3 Why——為什麼要做大型拼貼畫？

學生先畫出課文中針對「大型拼貼畫」表現事實的句子。

不一樣的捷運站（改寫成說明文）

如果你來到南港捷運站，一定要走出車廂看一看。這裡的月台牆上有一列長長的繪本列車，魔女騎著掃把和列車比賽，車裡的旅客好像在和你打招呼，故事書裡的主角一一出現在眼前，那麼近、那麼美。

如果你經過南港捷運站，也請你走進站裡逛一逛。這裡有許多令人驚喜的創意（圖案）：兔子和大象陪你走樓梯，小熊和秋千躲藏在車站裡，可愛的小豬穿著舞衣，（還有）抱著月亮的小孩是不是就像你，喜歡抱著最愛的玩具。

到底這些圖案是怎麼做出來的？小小的繪本世界，怎麼會出現在大大的捷運車站裡？聰明的人們運用現代科技，先把圖案照比例放大，然後分成許多小片，最後再一一拼貼起來。要重現原來畫作的樣子，需要許多的人力和巧思。

如果你還沒有到過南港捷運站，想不想找個時間來走一走？看看車站裡的圖案多有趣，繪本創意的運用多新奇，相信你也會喜歡上這個不一樣的捷運站。

接著，依照說明文3W架構，依序寫出內容。

1 What——大型拼貼畫是什麼？

2 How——如何做出大型拼貼畫？

3 Why——為什麼要做大型拼貼畫？

列出架構後，就可以寫出一篇說明文：

大型拼貼畫

南港捷運站的月台牆上有一列長長的繪本列車，魔女騎著掃把和列車比賽，車裡的旅客好像在和你打招呼，故事書裡的主角一一出現在眼前。站裡有許多令人驚喜的創意圖案，兔子和大象陪你走樓梯，小熊和秋千躲藏在車站裡，可愛的小豬穿著舞衣，還有抱著月亮的小孩，這就是大型拼貼畫。

聰明的人們運用現代科技，先把圖案照比例放大，然後分成許多小片，最後再一一拼貼起來。要重現原來畫作的樣子，需要許多的人力和巧思。

大型拼貼畫表現繪本創意的運用，相信大家會喜歡上這個不一樣的捷運站。

說明文不是揭示定義就好，教師應該想清楚學生該理解到什麼程度，又該如何累積新的能力。說明文教學從理解到思考，從讀到寫，先透過提問搭建橋樑，課文讀懂了就可以應用到寫作上。

學生閱讀理解的基本功仍須由老師扎扎實實、一步一腳印的帶領，拆解細節的過程雖耗費時間但必將累積能量，再走到寫作應用，深化開展能力，師生都能享受到更上一層樓的成功經驗。

4

從課內結合課外，閱讀無限寬廣

——高年級的閱讀理解

課文看似死板固定，但老師可以利用專業突破限制，再不好懂的課文，再無感的學生，都可以透過老師的引導和提問，以及相關活動安排，讓學生深入課文，促進學生對文本有理性與感性的雙重反應。

國語課的教學，一般老師多注重生字及詞義教學，因為學生會寫生字語詞，紙筆測驗都能得到基本的成績。但我認為，年級愈高，閱讀理解訓練應該重於字詞義教學。

高年級學生若沒有閱讀理解能力，坐在教室裡會顯得無聊無力，上了中學之後更不易銜接愈加有難度的課程。因此高年級的國語課程有必要強化閱讀理解比重。以下以一篇五年級課文的教學設計為例。

化為千風

蘇善

有人說：「生命不在於長短，在於是否精采。」意思是指人在有生之年，應把握生命，讓生命發光發熱。但是，有生就有死，人們無論再怎麼努力，終究逃不過「死亡」這一個過程。所以一旦心裡牽掛的人走到生命的盡頭，我們即使在短時間內無法豁達面對，仍然要設法撫平內心的傷痛，勇敢面對新的生活。

西元二〇〇一年，美國發生「九一一」事件，在一週年的追悼儀式中，一名十一歲的小女孩，朗讀了一首詩追念不幸喪生的父親。詩歌的內容，感動了在場的每一個人。

這首詩原創者的名字以及寫作時間雖然不詳，但是詩的內容，一點也不灰暗，還鼓舞活著的人，要化憂傷為力量，勇敢向前走。

化為千風

請不要站在我的墳前流淚，
我不在那裡，我沒有長睡不起。
我是吹拂的千風，
我是雪上閃動的光芒，
我是照耀成熟麥穗的陽光，
我是輕柔的秋雨。
早晨，當你在寂靜中醒來，
我是群鳥振翅迴旋時
急急升起的氣流，
深夜，我是溫柔的繁星。
不要站在我的墳前哭泣，

我不在那裡，我沒有死。
我已經化為千風，
翱翔在無邊的天空裡。

教材來源：翰林版國語五上第八課

有一次到高年級協助實習老師觀課，主題是〈化為千風〉這一課。高年級學生在上課鐘響後進到教室，一時之間不能安靜，還熱烈討論下課球賽的點滴，呼喊著夥伴下一節課早點去占位置，實習老師費了一點功夫整頓秩序後才能進行課程。

實習老師說明，一個人的生命不在於長短，在於是否精采，並請學生舉例是否有親人已經去世，過往生活如何。有個學生舉手便說：「老師，我的阿公已經ＧＧ了。」全班哄堂大笑。實習老師接受了高年級學生戲謔的口語表達方式，但繼續問：「可以說一說你的阿公生命中有哪些精采的地方嗎？」學生回答：「我阿公的生命一點也不精采，他每天在家裡看電視。」全班又是一陣大笑，然後一陣騷動，紛紛說起自己的阿公阿嬤都在家裡做些什麼休閒活動。

高年級語文教學的挑戰

老師尷尬的繼續課程，再次提問：「一旦心裡所牽掛的人走到生命的盡頭時，我們應該如何面對？」有個學生喊著：「死一死就算了啊！」全班又是一陣不可抑遏的狂笑。

這麼美好深刻的課文被學生嘲弄以待，我感到惋惜與傷悲，學生沒有讀懂就算了，態度也不對。但我能理解高年級學生有其身心特質，面臨青春期成長身心的變化，會隱藏自我情感，也會說些譁眾取寵的話引起同儕注意或認同。

對於課文，高年級學生也有好惡分別：故事類內容讀來輕鬆；說明文或議論文讀起來硬邦邦卻具體明確；若是面對這種深入內心情感的文章，學生通常有說不出的彆扭。

課後我提醒實習老師，提問要盡量避免「挖空式的問答」。何謂「挖空式問答」？就是直接挖空課文詞語，學生只要填空回答就行。

例如：有人說，生命不在於長短，而是在於什麼？（是否精采）

又如：人們無論再怎麼努力，終究逃不過什麼的過程？（死亡）

這類問題只須對應句子空格語詞，屬於低層次問題，對學生閱讀理解提升助益不大。

此外，針對學生辜負這美好的一課，我希望力挽狂瀾。於是，我自告奮勇借了五年級一個班級上這堂課，也邀請校內夥伴來觀課，我想呈現的不是高超完美的教學技巧，而是如何讓學生「讀懂」。

這一課是記敘文兼詩歌，字面語詞看起來雖不至於艱難，但文章頗有內涵深度。教師面對高年級課文常遇到的難題是，受限於篇幅字數限制，課文內容常是節選，有時不容易理出段落間的清晰脈絡，本課便是一例。

閱讀理解的最高層次便是讀者能理解作者想表達的觀點。教師必須引導學生對文本以及跟作者深入對話，學生才能理解作者心意。例如，〈棉花上的沉睡者〉一文，學生可以透過觀賞電子教科書的影片，知曉作者張曼娟寫作的背景想法，她從小時候家裡如何吃豆芽發想，再到出國留學想吃家鄉味時要自己想辦法孵豆芽，以及摘豆芽吃豆芽帶給她的啟發。作者也在臉書上與小讀者互動，小讀者問，豆芽摘根真的要摘很久嗎？為此她想做什錦如意菜而買了兩斤豆芽，花了兩小時才摘完。

又如，「國民爺爺」林良先生創作豐富並在小學課文收錄多篇，網路及電子教科書有許多訪談影片，片中林良爺爺暢談創作心路歷程，談與女兒們的互動。作者的現身說法讓讀者更容易貼近作者，體會作者情意。

我在準備高年級課程時都會試著找出完整文章或作者訪談事先閱讀，本課也一樣。當我嘗試尋找是否有關於作者蘇善所寫〈化為千風〉一文有更完整的介紹，可惜並無所獲。怎麼辦？揣摩，我試著與作者對話，揣摩作者心意，感受他書寫本文的想法。

以精緻提問促進理解

這一節四十分鐘的課，我同樣以提問來促進學生讀懂，也就是著重在內容深究。一開始上課，我老話一句提醒學生，任何發想與思考都要以文本為根據。學生默讀課文之後，首先，我讓學生看看第一段，問他們在這一段摘取到什麼重點？

學生說這一段有很多重點，一一列出：

「生命不在於長短，在於是否精采。」

「人們逃不過『死亡』這一個過程。」

「心裡牽掛的人走到生命的盡頭，我們即使在短時間內無法豁達面對，仍然要設法撫平內心的傷痛，勇敢面對新的生活。」

這麼多重點等同沒有重點，幾乎是全段內容。我讓學生再次閱讀全文，並提示「段落和段落之間彼此有關聯。看看第二段及之後的敘述，能扣合第一段的哪一句話？」

老師——第二段及之後敘述的是人們如何創造精采的生命嗎？

學生——不是。

老師——第二段及之後敘述的是人們面對死亡的過程嗎？

學生——不是。

老師——第二段及之後敘述的是，面對親人離世我們要如何撫平傷痛嗎？

學生——是。

至此，學生能先確認第一段的主旨是「一旦心裡牽掛的人走到生命的盡頭，我們即使在短時間內無法豁達面對，仍然要設法撫平內心的傷痛，勇敢面對新的生活」。「那麼，牽掛的人走到生命盡頭時，要如何撫平內心的傷痛？課文有無舉例？」我問。學生一一低頭迴避我的目光，我知道學生的困難是不會看文章，於是我提醒，閱讀文章的思考策略是「段落和段落之間彼此有關聯」。

老師——第一段結尾說到，當牽掛的人走到生命盡頭時，我們要設法撫平內心傷痛。那麼，第二段提到了什麼？

學生——美國發生九一一事件。

這又是學生通病，看文章容易斷章取義，只取其一，不看全部。

我問：「第二段在說明九一一事件，還是週年追悼會的事？」學生再次讀了第二段後說：「在說週年追悼會的事。」我提醒學生，段落一定要完整看完才能判斷重點。「那麼，第一段說到，當牽掛的人走到生命盡頭時，我們要撫平內心的傷痛。第二段提到美國九一一事件週年追悼會的事，這可不可以看成是課文的舉例？」學生說可以，於是課文推進到第二段。

課文寫西元二〇〇一年，美國發生九一一事件，學生能推知，週年追悼儀式就是二〇〇二年。

老師——九一一事件的週年追悼儀式上，失去父親的小女孩用何種方式撫平內心的傷痛？

學生——小女孩朗讀一首詩，悼念不幸喪生的父親。

老師——小女孩讀詩悼念父親，感動在場所有人。這首詩有什麼樣的特點，以致於如此感動人心？

學生——因為這首詩原創者的名字及寫作時間不詳。

再一次重蹈覆轍！只讀其一，不看全段。雖可感覺學生把我方才的提醒——「段落之間彼此有關聯」聽進去了，但他們忘了我還提醒要看完整個段落再判斷。

學生看文章時，常看到自以為要的訊息就打住，並沒有養成耐心讀完全段或全文再判斷的好習慣，因此，閱讀總達不到理解。

「看文章要這樣看，一整段的文章要完整看完，如果一個段落內容很長，至少要看到句號結束，句號表示一個基本的概念描述。」我提醒。

我讓學生把第三段讀一讀，讀到句號的地方結束，剛好也是整段結束。於是學生讀出「這首詩原創者的名字以及寫作的時間不詳，但是詩的內容，一點也不灰暗，還鼓舞活著的人，要化憂傷為力量，勇敢向前走。」

當我再次問到：「這一首詩有何特性所以能撫慰人心？」學生這才能回答：「詩的內容不灰暗，能鼓舞活著的人。」由此可見，即便是高年級學生，若是不懂轉折複句、不知道句子之間的關聯、不清楚段落的前後關聯、不養成完整閱讀的習慣，理解便產生困難。

老師——既然這首詩有鼓舞的力量，我們來看看這首詩的內容是什麼？（我請學生把這首詩再讀一次，課文也往後推進。）

詩的內容，哪些話語具有鼓舞的力量？（學生一片沉默，表示不懂，我必須予以刺激和提點。）

既然這首詩有鼓舞的作用，能產生力量，表示這是重要的。重要的話可能會反覆的說，這就是「強調」。先找一找，這首詩有哪些語句是重複的說？（我先以這首詩有反覆述說的語句特點切入。）

學生——詩的名稱是「化為千風」，而詩句裡也有兩句話相關——「我是吹拂的千風」、「我已經化為千風，翱翔在無邊的天空裡」。

老師——對！除了詩的名稱是化為千風，詩句中也有兩個相關的語句。除此之外，還有重複述說的句子嗎？

學生——請不要站在我的墳前流淚，我不在那裡，我沒有長睡不起。不要站在我的墳前哭泣，我不在那裡，我沒有死。

老師——我不在那裡，「那裡」指的是哪裡？

學生——墳墓。

老師——為什麼這兩句話有鼓舞作用？

學生——我不在墳墓裡，就代表我沒有死。既然我沒有死，親人就不需要悲傷，就不會流淚、不會哭泣。

老師——對，我不在墳墓裡，我沒有死。既然我不在墳墓裡，那麼，我在哪裡？

經過前面三段的引導，學生比較開竅，讀起這一首詩來比較有感了。於是學生回答：

「我是吹拂的千風；我已經化為千風，翱翔在無邊的天空裡。」

老師——何時我們可以感受風的存在？風是否時時存在、無所不在？

學生——是。

接著，我提醒學生，詩是精練的語言，詩的用字遣詞會更謹慎斟酌，因此，讀詩時可以特別注意為什麼作者鋪陳這樣的字詞。同時，讀詩也可以透過文字想像畫面，畫面會在眼前出現。

「『我是吹拂的千風』，吹拂誰？」這一首詩字字珠璣，學生必須細細品味，因此，教師的提問也必須更深入、更精準。

學生──吹拂大地萬物。

老師──其中有沒有也包含吹拂在世的親人？

學生──有。

老師──「吹」和「吹拂」，感受有何不同？

學生──拂就是輕拂，輕輕吹過，感受是愉悅的。

老師──我是千風，翱翔在無邊的天空。「翱翔」又代表什麼意思？

學生──翱翔感覺是逍遙自在的、快樂的、無拘無束的。

老師──牽掛的人自在快樂，你的感受如何？

學生──會放心。

老師──我是千風，我時刻都在，我吹拂著萬物、吹拂著我的親人，我也翱翔自在，所以不要擔心。除此之外，我還在哪裡？

學生──我是雪上閃動的光芒。

老師──這個時間點或季節是何時？

學生──冬季。

老師──冬季我在，我沒有離開，我是什麼？我是閃動的光芒。光芒有什麼特性？

學生──亮的、光亮的。

老師──冬季我在，除此之外，我還在哪裡？

學生──我是照耀成熟麥穗的陽光。

老師──這個時間點或季節是何時？

學生──秋收冬藏，是指秋季。

老師──所以，秋季我在，我是陽光。秋季的陽光有何特性？

學生──秋季的陽光很溫暖，還照耀了成熟的麥穗，感覺溫暖明亮又正向。

老師──「我是輕柔的秋雨」這一句你們怎麼解讀？（經過前面兩句引導，這一句應該可以交給學生自己試著說說看。）

學生──這句話明確的指出季節是秋季，我是雨，怎樣的雨？輕柔的雨，輕柔給人的感受是溫柔的。

太好了，我稱讚學生說得好，很清楚詩句傳達的意思。「所以，冬季我在，秋季我也在，我沒有死，我沒有離開。」我做個小小結論，但也繼續追問：「為什麼作者寫秋季、寫冬季，但沒有寫春季、寫夏季？」

這問題一出，學生就出現茫然神情，顯然接不住我的問題，因為課文沒有明確線索。我提醒學生，想想秋冬兩個季節有哪些特性。

學生──蕭瑟、冷清、孤寂、寒冷、寂寥……

老師──在這樣清冷蕭瑟的冬季與秋季，會不會更加思念故去的人？

學生──會。

老師──所以別擔心，我在的，我沒有離開。除此之外，我還在哪裡？

學生──早晨，當你在寂靜中醒來，我是群鳥振翅迴旋時，急急升起的氣流。（學生讀出這一段話，抓取重點後就是「我是氣流」。）

老師──怎樣的氣流？急急升起的氣流，帶動群鳥振翅迴旋的氣流，升起是向上的動力。（我的手勢也跟著往上。）這個時間是何時？

學生──早晨。

老師——怎樣的早晨？

學生——寂靜中醒來的早晨。

老師——別人醒了嗎？

學生——還沒。

老師——思念親人的你醒了嗎？

學生——醒了。

老師——眾人皆睡你獨醒，思念故人的心情是寂寞的，但是別擔心，我在，我是升起的氣流。（我做個小小整理。）

老師——除此之外，我在哪裡？你們可以解釋下一個句子嗎？（我把下一句丟給學生，想聽聽看在前一句我的帶領之後，他們是否也能嘗試自己解讀句子。）

學生——深夜，我是溫柔的繁星。星星在黑夜中帶來光亮、象徵希望，這個時間點是夜，深深的夜。別人睡了但你還沒睡，眾人皆睡你獨醒，心情很落寞，因為思念牽掛的人，但是我在，我是繁星。（學生說的不錯，表示能理解這個句子。）

老師——一顆星星亮光夠不夠？（我追加提問，因為我相信「繁星」有其用意。如同前面所述，詩的字詞選擇處處用心。）

學生──不夠。

老師──繁星呢？

學生──比較亮。

老師──所以，深夜裡我是繁星，閃爍著亮光。我猜想這是作者的選詞用意。

在這裡，我示範我的閱讀思考，因為學生與我對文本的解讀能力不同，教師可以試著揣摩作者心意，表現出「我是這樣想的」，學生也會模仿學習老師的思考方式。

接著，我們把這首詩做個歸納整理：「我不在墳墓裡，我沒有離開，我在哪裡？」學生回答：「我是風，我是千風，我翱翔在天空，我都在。秋天我在、冬天我也在；寂靜的清晨我在，深深的夜裡我在。」

「這些『我在』的證據有無呼應到『我沒有離開』、『我沒有死』？」學生點頭，看他們有異於課堂一開始不解的表情，就知道他們有領悟了。

「這一首詩，作者用第一人稱的『我』敘寫，用意為何？」還沒結束，我繼續問。這個不在課文字面上的問題又讓學生呆住。我還是提醒，回到文本裡做比較，可以用第三人稱的「他」來讀讀看，對比兩者感受有無不同。

學生回到文本絮絮唸著：

「請不要站在他的墳前流淚，
他不在那裡，他沒有長睡不起。
他是吹拂的千風，
他是雪上閃動的光芒，
他是照耀成熟麥穗的陽光，
他是輕柔的秋雨。……」

老師——他他他、我我我，有無不同？

學生——有。

老師——哪裡不同？

學生——用第一人稱「我」，感覺親人實際在跟我對話；用第三人稱「他」，感覺是別人轉達告知的。

老師——所以，第一人稱「我」的口氣，更能呼應到「我沒有死」。

我猜想這也是作者鋪陳的心意。

把這首詩讀懂，差不多就能掌握本課重點。

不只讀懂，還要辨證

再來，回到首段，我問：「文章一開始破題便說：『生命不在於長短，在於是否精采。』你能舉實際例子說明嗎？」這個問題依舊是要學生質疑及舉證文本，對於課文所寫並不是要照單全收，要有辨證能力。

學生討論後舉了一個例子是賈伯斯，並簡單說明他們所知道的賈伯斯。賈伯斯是公眾名人，學生對他耳熟能詳，賈伯斯成就非凡卻又英年早逝，因此學生拿來做為文本舉證有說服力，但除了賈伯斯之外，學生就沒有其他舉例了。

當時有個時事新聞是，曾任華航空姐的作家林亞若在澳洲騎車自撞身亡，我在新聞裡看到林亞若的父親在機場準備出境處理女兒後事，記者訪問時，林爸爸很激動但強忍悲痛的說：「我這個女兒不愛錢，她當空姐七年後就不做了，跑到落後的地方當志工，到印度、到泰國去幫助貧窮的小孩，我以女兒為榮。」

我為林爸爸的堅強與以女兒為傲而感動，課堂上我將這則新聞提出，做為文本的另一個舉證，有學生說他們這兩天也聽聞這則新聞。以賈伯斯與林亞若為例，學生能明白這句話「生命不在於長短，在於是否精采」。學生需要實例來檢驗文本的真實性，才能判斷文本的真實意義。

以上課文提問差不多告一段落，學生也能理解課文所述。我再問課文還有無不懂之處，學生說很懂了，很少這麼深入看一篇文章，而讀文章原來有許多小技巧。

接著，我拿出一本繪本，受限於上課時間，我沒有帶領學生共同閱讀，但邀請學生下課時自由閱讀，同時我簡單介紹這本書。

這本繪本《化為千風》由日本作家新井滿創作。新井滿之所以寫這本書與他創作同名歌曲有關，也是應觀眾要求而生的一本感人之作。故事主角是烏帕希和蕾伊拉，他們是一對青梅竹馬的戀人，因為印地安族人被白人強迫搬遷而離散，最後他們雖再次相逢，但蕾伊拉在生下女兒後卻重病身亡，烏帕希傷心欲絕，但仍感恩生命的恩賜。

兼具理性與感性的教學

另外，在備課過程中，我發現國內告別式常用到《化為千風》這首曲子，有國語版也有台語版，翻譯文字略有不同，但意義一致，旋律則是引用自日語歌曲。這首原為英文詩的日文轉譯及譜曲傳唱者，就是日本劇作家新井滿。

新井滿的友人失去了親人，新井滿為了安慰好友，將原名為〈I Am a Thousand Wind.〉的詩翻譯成日文版本，再譜曲做成一首歌送給好友，希望朋友能稍稍撫慰心中的悲痛。

後來這首歌由聲樂家秋川雅史在電視台一唱成名，許多老一輩的人打電話到電視台，表示他們深受感動，期待下一代也能知道這樣動人的生命教育故事。為此，新井滿便創作了《化為千風》繪本。

我在網路上聽到秋川雅史的美聲，也聽到年輕男星另一種輕柔的唱法，雖然我不懂日文，但這首歌旋律及氛圍著實動人。在文本之外，教師們若想促進學生對這篇文章、這首詩有更深的感受，可以點進網路讓學生聆聽歌曲，但我想自己親唱，讓課程一氣呵成，我想觸動學生內心深處的情緒。

我綜合各種翻譯版本，搭配原曲旋律，整理成以下內容：

請不要佇立在我墳前　請不要悲傷哭泣
躺在那裡的不是我　我沒有沉睡不醒
我已化為千風　我已化做千縷微風
翱翔在無限宇宙　在廣大天空下吹過
到了秋天　我化做陽光　千條金絲　灑滿大地
到了冬天　我化做霜雪　燦如銀鑽　潔白透亮
每當清晨醒來　我是喚醒你的啼鳥
每當夜幕籠罩　我是守護你的星辰
請不要佇立在我墳前　請不要悲傷哭泣
躺在那裡的不是我　我沒有離開人間

我已化為千風　我已化做千縷微風
翱翔在無限宇宙　在廣大天空下吹過

我悠悠唱著，全班靜靜聽著。歌曲結束沒有人掌聲歡呼加安可，但我見到有些學生閉上眼睛，還有些人輕輕擦拭眼角。靜靜的，讀懂就好。

下課前，我提出最後一個問題：「作者書寫這篇文章的目的是什麼？」

「死去的人會希望活著的親人或朋友不要悲傷，他們用另外的方式存在。」

「希望人們不要因為牽掛的人死去而難過，他們沒有離開，用很多方式活著。」

「希望讀者對生命有更開闊的想法，要有正向的想法，不要憂鬱。」

透過學生的回饋，這篇課文我們一起感受與理解其中的美好。

運用專業，突破限制

有的老師會抱怨國語課本選文生硬，不若繪本小說精采，課文看似死板固定，其實也是一時之選，其肩負起語文教學的任務終究有其限制。但老師可以運用專業突破限制，教師要將學生帶往何處、提供什麼課程內容，都需要有所整理增刪與充分準備。再不好懂的課文、再無感的學生，都可以透過老師深入淺出的引導、循序漸進的提問，以及相關活動安排，讓學生深入課文，對文本有理性與感性的雙重反應。

再者，帶進課文相關的讀物讓課內課外無縫接軌，用意在擴充學生的閱讀經驗，並添增對文本的深度理解。從課內結合課外，閱讀無限寬廣。

教師精細的設計教學流程，以提問引發學生思考，也適時邀請學生發問，產生真正的學習。當學生讀懂了，自信倍增，老師真的連做夢都開心的笑了。

5

找關聯、找線索，學句型
——句型的閱讀理解，低年級就要開始

小學階段應該從何時教導句型，我認為無分年段。就算是低年級的孩子，透過老師的適切提問引導，也可以了解句型的意義，並徹底讀懂。句型修辭教學，大大促進閱讀理解。

許多人以為句型就是造句，其實大不相同。「造句」是以一個特定字詞為基礎，綴成完整的句子；而「句型」是句子的類型，有不同的結構特點、表達功能和語氣特色。句型是語句表現的方式，隱身在文章內容中。課文中的統整活動常有句型整理，習作或紙筆測驗也有句型練習，句型可說是小朋友再熟悉不過的語文樣貌。

對於課文中出現的句型或課文後的句型組句，老師們千萬別讓學生讀一讀或照樣造句便過去了，若小朋友不懂句型的語句結構，只是勉強硬記修辭名稱，只對應字數不對照詞性的照樣造句，便會產生牛頭不對馬嘴的矛盾，對閱讀理解毫無幫助。試舉一例：

例句原型 你唱歌，我跳舞。

學生仿作 你好嗎，我很好。

這便是不理解詞性，以為只要對照字數而鬧出的笑話。

過往鬧得沸沸揚揚的新聞便是，曾有小學四年級月考出現艱澀修辭考題，讓學生倍感挫敗，連家長也被考倒。教育官員受到立委質詢，專家學者也不斷呼籲，「教育勿以整人為本」。因此，教育部修正了九年一貫課綱的國語文修辭能力指標，將原本一年級到二年級要教授的修辭學，旨在「達成能分辨並欣賞文章中的修辭技巧」，修正為小學五年級才開始教授修辭學，畢業前能達成理解簡單的修辭技巧，並練習應用寫作即可。教育部更有正式公函宣告，修辭以欣賞為主，避免出現在紙筆考題中；而教育部也會糾正因出修辭考題而遭檢舉的老師。

雖然許多學生對於語文學習的挫敗感來自於修辭，但我認為這樣的限制，讓老師的教學綁手綁腳；而簡化教材，對學生的學習更是無所助益。

目前小學階段的修辭教學，在低年級以照樣造句的類型出現，中年級慢慢出現修辭格的名稱，到高年級則修辭教學的分量增加，更進一步運用在賞析及寫作中。而小學階段應該從何時教導句型，我認為從孩子進入每一個老師的班級開始，就應該注重這件事情，無分年段。就算是低年級的孩子，透過老師的適切提問引導，也可以了解句型的意義，並徹底讀懂，終極目的還是在於促進學生的閱讀理解。

這一章便以二年級上學期國語為例，透過老師的提問，激發學生的思考，學生學習在複句中找關聯、找線索；「讀懂」一點都不難。句型的閱讀理解，低年級就要開始！

一、明喻與暗喻，不再傻傻分不清

「老師，葡萄好像紫色的寶石喔！」「對啊，葡萄也像紫色的小圓球。」「也很像大顆一點的彈珠。」「也像水晶球呢！」中午用餐時，小朋友七嘴八舌的說著當天的水果葡萄像什麼，這就是比喻句。課文中也時常出現比喻句：

> 打開相簿，
> 我像一隻小鴨子，
> 搖搖晃晃學走路。
>
> 教材來源：翰林版國語二上第一課〈我的相簿〉第二段

這一課課文描寫小朋友透過相簿裡的相片，認識了自己成長的過程。「我像一隻小鴨子，搖搖晃晃學走路。」這是比喻句，小朋友再熟悉不過的句型。比喻句有三大要素，就是「喻體」、「喻詞」、「喻依」。透過橋狀圖（Bridge Map，見下頁），可以引導學生理解三者之間的關聯。

橋狀圖一：比喻句的三大要素

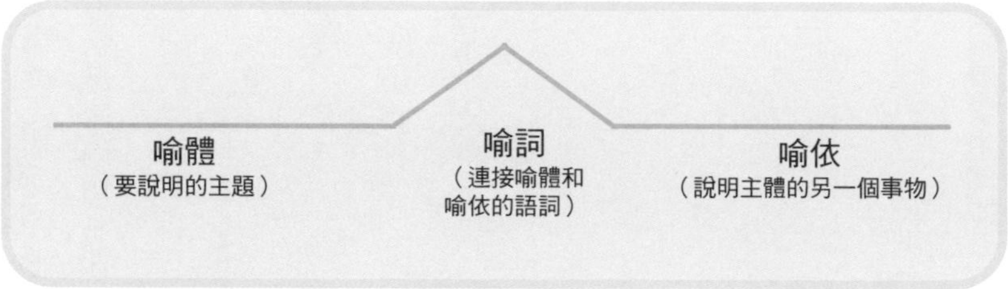

橋狀圖二：以「我」、「一隻小鴨子」為例

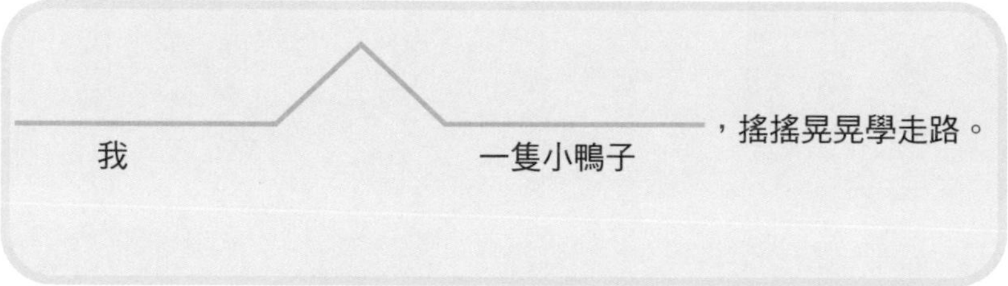

橋狀圖三：學生提出的各種喻詞

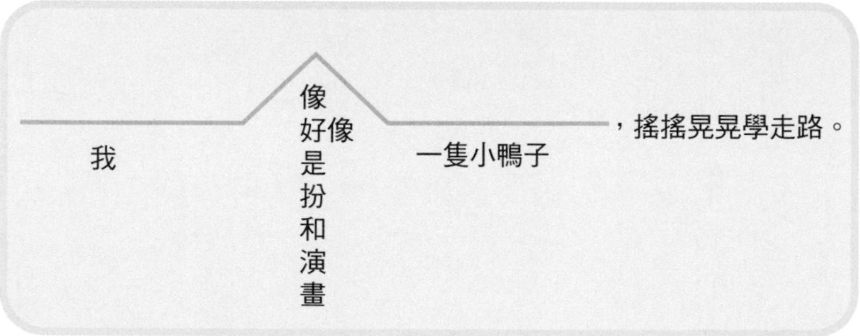

我將句子化為圖像（上頁圖二），並解釋：「學走路的我搖搖晃晃的，小鴨子走路也是搖搖晃晃的，我和小鴨子有共同的特性，所以可以放在一起打比方。」

我接著問：「那麼，『我』、『一隻小鴨子』這兩個詞語中間，加上什麼字或語詞，可讓這個句子讀起來通順？」

小朋友進行分組討論，沒想到百花齊放（上頁圖三）。

接著，我們把各種討論出來的句子都讀一讀，看看是否通順流暢。

我像一隻小鴨子，搖搖晃晃學走路。

學生說這一定通順，「像」還可以換成「好像」、「就像」。

我是一隻小鴨子，搖搖晃晃學走路。

這裡有趣了，大部分小朋友說這句子讀起來不通順，少數人說通順。但因為反對票占多數，以致於覺得句子通順的少數人氣勢弱了下去。

我問不通順的理由是什麼？小朋友說這不是比喻句，因為要有「像」、「好像」、「就像」這樣的字詞出現才能叫做比喻句。

我請大家把句子多讀幾次，小朋友從堅持不通順，漸漸鬆動。

學生──咦？好像也通順耶！可是，老師，怎麼會這樣？不是要有「像」、「好像」，才叫做比喻句嗎？

老師──看到「像」、「好像」、「就像」這些語詞，明明白白讓你知道這是比喻句，這是明喻。但是，有些比喻句是隱藏版的。「我是一隻小鴨子，搖搖晃晃學走路。」把「我」直接說成「小鴨子」，這個「是」就是一種隱藏版的比喻句，這是暗中比喻的暗喻。小朋友要用判斷力，看看句子前後的關聯，再判斷這是不是比喻句。

我一講「隱藏版的比喻」，小朋友就聽懂了，日常生活用語常出現這個語詞，「隱藏版美食」、「隱藏版遊戲」等，小朋友也輕輕鬆鬆的弄懂了明喻和暗喻。

再來，小朋友讀出以下的句子：

我和一隻小鴨子，搖搖晃晃學走路。
我畫一隻小鴨子，搖搖晃晃學走路。
我演一隻小鴨子，搖搖晃晃學走路。
我扮一隻小鴨子，搖搖晃晃學走路。

眾人都說句子讀起來通順，沒什麼問題。

老師──這些句子的意思跟課文語句的意思一樣嗎？是把「我」比成了小鴨子嗎？

學生──不是，意思完全變了。

老師──所以這些不是比喻句，和課文原意不一樣。

我只能讚嘆小朋友太聰明了，想出這麼多連接的語詞。

小朋友遇到比喻句，常以為只要寫出「像」、「好像」的連接詞，就是比喻句。例如：「月亮像香蕉」。但若語意不完整，也就不是通順的句子。我想再深入討論完整語意的重要性以及「喻依」可替換的發想。

老師──學走路的我和小鴨子有什麼共同或相似的地方，所以可以拿來做比擬？

學生──走路都搖搖晃晃的。

老師──還有誰走路也是搖搖晃晃的樣子？這樣可以拿來打比方的對象就更豐富了。

小朋友分組討論，共同創作：

我像一隻小企鵝，搖搖晃晃學走路。

我像一個喝醉酒的人，搖搖晃晃學走路。

接著，我請小朋友比較這兩個句子：

我像一隻小鴨子。

我像一隻小鴨子，搖搖晃晃學走路。

放在一起看，小朋友便知道，第一個句子感覺沒說完。第二個句子把我和小鴨子的共同點寫出來，句子的意思完整了，讀者才能知道作者想表達的意思。

最後，我請全班比較兩個句子。使用比喻技巧和沒有使用比喻技巧的句子有何不同？

我搖搖晃晃學走路。

我像一隻小鴨子，搖搖晃晃學走路。

經過一番討論，小朋友一致認為使用比喻技巧的句子，讀起來腦海中會出現嬰幼兒走路那步伐不穩的畫面，以及小鴨子搖晃著屁股、扭扭擺擺的模樣。使用比喻技巧的句子比較生動活潑，也較有趣。

這就是教師進行修辭教學的目標，讓孩子知道修辭就是文句的化妝師，既然是化妝，素顏和上妝後就會有所不同，老師可以引導孩子比較兩者的不同。因此，修辭教學目的絕不在於要讓孩子強記修辭格，而是讓孩子實際體會使用這樣的修辭技巧，文氣產生什麼樣的變化，讓孩子真正領略文學的美感。

一個小小的比喻句，可以深入討論的東西非常多，低年級當然可以討論，小孩有探究更高學問的權利，老師就是啟航的人。

二、和你談條件的「條件複句」

常聽到小朋友互動時出現這樣的言談：

「只要你跟我一隊，我們就是好朋友。」

「除非你借我鉛筆，我才跟你一起寫功課。」這就是條件句。

言談中常迸出條件句，學習上就能輕鬆的應用、理解。

以下以課本裡的句子為例：

只要我長高一點，爸爸就會在牆上畫一條線。
只要有空氣、陽光和水，小樹就能長大。
只要多練習，就能把字寫得又快又好。

教材來源：翰林版國語二上第二課〈身高樹〉

我請小朋友把這三個句子讀一讀，並思考句子的特性，以及句子之間有何關聯。學生的反應相當熱烈，指著課本上標示粉紅色字體的「只要……就」說：「老師，顏色啊！那麼明顯！老師，你沒看到『只要……就』用粉紅色畫出來了。」

我啼笑皆非的說：「用顏色來判斷句子特性的機會只有這一次，就在這一次，你們把機會用掉了。以後當我再問句子有何關聯、有何特色時，不能再用顏色來回答了。」學生顯得有點懊惱，這麼明確的顏色提示竟然不被採納且不能再用，但一會兒，他們就興致盎然的搬出看家本領，異口同聲說：「比喻句。」

我請大家讀讀看，這些句子哪裡「比喻」了？小朋友當然「比喻」不出來。不死心的，小朋友還有一個心頭好，馬上接續說「擬人」。我請大家再讀讀看，這些句子哪裡「擬人」了？小朋友當然也「擬人」不出來。

既不是「擬人」，也不是「比喻」，這下，小朋友沒轍了，也說不出其它所以然，於是便安靜下來。

安靜是好事，深沉的思考正需要安靜。但顯然學生沒看懂這些句子，我便請學生再把句子多讀幾次，思考句子之間的關聯性。

每當我這樣說：「老師有說過，句子和句子之間——」學生會反射性動作的回答「彼此有關聯」，但學生並不知道句子之間的關聯性為何。

於是我提醒學生，回到課文中把這幾個句子多讀幾次，仔細看看句子前後上下之間有什麼關聯。

只見學生紛紛將眼光投注在課本上，嘴裡唸唸有詞的讀著句子，雖然要二年級孩子說出句子之間的關聯性有點難度，但我已看到學生認真思考的眼神。等待學生讀過、想過後，我開始以問題引導他們。

老師——以第一句為例，什麼時候爸爸會在牆上畫一條線？每天早上嗎？
學生——不會。
老師——下大雨的時候？
學生——不會。
老師——有沒有條件限制？
學生——有。
老師——怎樣的條件限制？
學生——等到我長高一點。

這時小朋友恍然大悟的說「原來有條件限制。」接著小朋友就能觸類旁通，理解了「小樹能長大的條件是要有空氣、陽光和水。」「把字寫得又快又好的條件是多練習。」最後我們一起歸納出條件句的特性，前面的句子（分句）提出條件，下一個句子（分句）說明了在這個條件下產生的結果。

學生尚且不必記住「條件複句」這個修辭格，但是，學生要能知道句子和句子之間有關聯性，有關聯性的句子是複句。

三、隨後跟上的「承接複句」

中午十二點鐘響，小朋友都知道要先洗手再用餐；升旗時要先在教室走廊整隊，再帶到操場。事情都有先後順序，一個接一個的動作；應用在句型裡就是承接複句。這裡一樣以課本裡的句子為例：

我們把牆上的線條畫成樹幹，再畫上樹枝和葉子。
哥哥先掃地，再去倒垃圾。
媽媽把菜洗乾淨，再放到鍋子裡炒一炒。

教材來源：翰林版國語二上第二課〈身高樹〉

第二課有這三個句子。請小朋友把句子讀過後，我問：「這三個句子有何特性？句子間有何關聯？」小朋友仍是情有獨鍾於「擬人」和「比喻」，又是一模模一樣樣的回答，我說：「哪裡擬人了？哪裡比喻了？」接著全班就呆掉了，神情茫然。

我提醒：「老師有說過，句子和句子之間——」學生迅速的反射性動作回答：「彼此有關聯。」我說：「既然句子和句子之間彼此有關聯，那麼，眼光回到課文，把這三個句子多讀幾次，看看句子上下之間彼此有什麼關聯？」

學生這時把焦點回到課文，神情進入思考狀態。年紀小、語文能力尚在訓練累積的他們，還是回答不出我的問題，但這思考的神態是我所想見、所樂見的。

老師——以第一個句子為例，「我們」做了幾件事？

學生——兩件事。

老師——哪兩件事？

學生——把牆上的線條畫成樹幹，畫上樹枝和葉子。

老師——這兩件事情有沒有先後順序？

學生——有。

老師——哪一件事情在先？哪一件事情在後？

學生——「把牆上的線條畫成樹幹」在先，「畫上樹枝和葉子」在後。

老師——這兩件事情可不可以調換順序？

學生——不行。

老師——小朋友，你有沒有發現，第二件事情是接在第一件事情之後才能做的？

學生——對耶！要先把牆上的線條畫成樹幹，接著才能畫上樹枝和葉子。（小朋友像發現新大陸般雀躍，因為找到句子之間的關聯了。）

老師——對，句子之間有先後順序，一個接一個的說明連續發生的事情，這是「承接」，承接複句。

學生——原來如此！我們懂了。（小朋友十分開心。）

我要再次強調，低年級句型教學不在於要讓學生記住修辭格，而是，他必須知道句子之間是有關聯性的，他必須真正讀懂。

四、事情和你原本想的不一樣——「轉折複句」

一年一度的校慶運動會是小朋友最期待的大型活動，健康操表演、大隊接力和趣味競賽都讓眾人摩拳擦掌，準備大顯身手。

前一天晴空萬里，大家也預期隔天會是好天氣，沒料到竟在傍晚起風，接著還下起雨。隔天雨勢不斷，戶外活動項目紛紛取消，只能移到禮堂做小規模的演出及競賽。小朋友不免埋怨道：前一天還是好天氣，今天竟然下起雨來，真是天公不作美。

「天有不測風雲」，這就是轉折複句。以下以課本裡的句子為例：

小蝌蚪的腿愈來愈長，尾巴卻愈來愈短。

我想到公園玩球，卻突然下起雨來。

我們班上的人數雖然很少，卻很團結。

教材來源：翰林版國語二上第四課〈變得不一樣〉

當我提問這三個句子的特色或關聯時，小朋友還是立刻回答「擬人」和「比喻」，我不免要搥胸吶喊，是有多熱愛擬人和比喻啊！

老師—小蝌蚪的腿愈來愈長，感覺上，下一句也會接著有另一個愈來愈長，但是，事情有沒有產生變化？

學生—有。

老師—怎樣的變化？

學生—尾巴愈來愈短。

老師—小朋友，「長」、「短」放在一起比較是怎樣的感覺？

學生—相反，長和短相反。

老師—對，事情出乎意料的，不是變長，而是變短了。看看第二句，我想到公園玩球，預計應該要玩得很開心才是，但是，事情有怎樣的轉變？

學生—下雨了，不能去公園玩了。

老師──「到公園玩球，開心。」「不能去玩球，失望。」這兩種感覺比較起來如何？是不是也是相反的感覺？

學生──喔！我知道了。

「我們班上的人很少」，人數很少應該很難團結，可是不一樣，「我們卻很團結」。

（小朋友這時可以觸類旁通了。）

老師──對，事情有了轉變。

好比眼前看到一條直直的路，你以為是直的，卻轉了一個彎。又好比有一種尺，你以為是直直的尺，它卻可以折彎。

這就是「轉折」，叫做轉折複句。轉折複句裡，前面的句子和後面的句子，意思常常是相反或相對的。

學生──喔，原來如此！

轉折複句，事情有轉變。句子會用「卻」來表示變化。

老師──想一想，這個「卻」還可以用什麼字詞來替換？（我促進他們思考。）

學生──（經過一番討論後）還可以用「但是」、「可是」來表示轉折。

我們試著替換課文中表現轉折的語詞，讓小朋友感受句子讀起來一樣能通順合理：

小蝌蚪的腿愈來愈長，可是（但是）尾巴愈來愈短。
我想到公園玩球，可是（但是）突然下起雨來。
我們班上的人數雖然很少，可是（但是）很團結。

小朋友此時對句型有概念了，但還必須知道句子表述的重點所在。「小朋友，老師再請問你，我們以第三句為例，『我們班上的人數雖然很少，卻很團結』這一句重點在表示『我們班上的人數很少』，還是『我們班上的人很團結』？」我提出另一個問題。

這下可有意思了，多數人認為重點在說我們班上的人「很團結」，也有少數人說重點是「人數很少」。一陣討論後，小朋友意見一致了，知道重點是「我們班上的人很團結」。

老師──所以，以後看到轉折句，哪裡要多看幾眼？是前面的句子，還是後面的句子？

學生──後面的句子。

老師──對，後面的句子表現事情改變之後的結果，才是重點所在。

學生──老師，我們想把這三個句子再念一次。（學生主動要求，我自是求之不得。）

學生──小蝌蚪的腿愈來愈長，尾巴卻愈來愈短。重點在後面，重點在說小蝌蚪的尾巴愈來愈短。

我想到公園玩球，卻突然下起雨來。重點在說下雨我沒去公園玩球。

我們班上的人數雖然很少，卻很團結。重點在說我們班上的人很團結。

完美！讓孩子真正讀懂的感覺真好。

五、引起好奇心的「設問句」

「你知道我今天幾點起床嗎？六點耶！」

「那你知道我今天帶什麼零食嗎？洋芋片！」

「你們猜一猜我今天去六福村第一個要玩的是什麼？就是急流泛舟。」

校外教學這天小朋友最是興奮，說話也都誇張有趣。只要有人用問句來激起旁人的注意力，大家紛紛跟風的以問句開頭，但還不待他人回答便迫不及待自己解答，這就是「設問」。以下舉一篇課文為例：

神奇的本領

大海裡，怎麼會有黑黑的煙？是誰在汙染海水？原來那是章魚噴出墨汁，想從大魚眼前逃跑。

大海裡，怎麼會有可愛的小雨傘？是誰會在海裡撐傘？原來那是有毒的水母，一開一合要去找食物。

大海裡，怎麼會有亮亮的燈光？是誰在開晚會？原來那是發光魚點了燈，等著捉小魚。

大海裡，噴墨的章魚、有毒的水母、點燈的發光魚，都有不同的本領，真的好神奇！

教材來源：翰林版國語二上第六課

有天，高年級學生問我：「什麼是『陳述句』？」我一時沒聽清楚，誤以為在問我「陳樹菊」，我說住在台東的菜販陳樹菊奶奶很有愛心，捐錢蓋醫院和圖書館。

學生說：「不是啦！我是問『陳述句』。」我以為他沒聽懂我剛才所講，又補充了陳樹菊奶奶因為善心捐助，而受大家敬愛並獲得許多獎項等等。

這下學生被我弄懵了，一字一字鏗鏘有力慢慢的說：「我是問『陳—述—句』，不是『陳—樹—菊』！」這下我為自己的一時耳背啞然失笑，我說：「陳述句就是肯定句，句子說完會用句號結尾的。」

這件糗事後隔兩天上到第六課〈神奇的本領〉，這篇課文前三段都是相同句式，先以設問句開頭，接著以肯定句回答。此時，我把「陳述句」聽成「陳樹菊」的笑話講給學生聽，眾人哄堂大笑。然後，大家很有默契的把「陳述句」說成諧音「陳樹菊」。

老師——課文的一到三段中，「陳樹菊奶奶」在哪裡？

學生——第一段，原來那是章魚噴出墨汁，想從大魚眼前逃跑。第二段，原來那是有毒的水母，一開一合要去找食物。第三段，原來那是發光魚點了燈，等著捉小魚。

老師——小朋友是否發現，這三段都是一樣的句式，先用疑問句，再帶出「陳樹菊奶奶」。

（小朋友點頭稱是。）

知不知道段落的重點在哪裡？重點是在疑問句，還是在「陳樹菊奶奶」？（小朋友搖頭說不知道。）

重點在「陳樹菊奶奶」身上喔！

因為陳樹菊奶奶有大愛，得大獎，所以很重要。（我開玩笑的說，小朋友聽了，陣哈哈大笑。）

這時，有個孩子發問了：「老師，既然『陳樹菊奶奶』這麼重要，課文為什麼要先寫疑問句，再寫『陳樹菊奶奶』？乾脆只寫『陳樹菊奶奶』就好了啊！」

教學有趣的地方就在這裡，你永遠不知道學生會問什麼問題。而教學就是要抓住契機、順勢引導。

當學生提問時，表示他有主動探求的動力，這就是契機。我想，這下可以好好來討論「設問」修辭的作用了。

我先稱讚提問的孩子：「你問了一個好問題。我們來試試看，讀兩種版本的課文，再來比較相同和不同點。」於是小朋友先讀了「陳樹菊奶奶版本」的課文，也就是只有陳述句的課文。

章魚噴出墨汁，想從大魚眼前逃跑。

有毒的水母，一開一合要去找食物。

發光魚點了燈，等著捉小魚。

大海裡，噴墨的章魚、有毒的水母、點燈的發光魚，都有不同的本領，真的好神奇！

接著，再回頭讀課文，有疑問句的原文。

老師──你們覺得哪一種版本讀起來吸引人？哪一種版本讀起來覺得比較好？為什麼？

學生──「陳樹菊奶奶」的版本比較好，因為她有大愛，得大獎。

學生──「陳樹菊奶奶」的版本比較好，因為字數少，好背好記。

學生──如果這一課要默寫的話，當然「陳樹菊奶奶」的版本比較好，因為比較簡單。

沒想到，全班一面倒的認為只有陳述句的簡易版本比較好，這些出乎意料的回答讓我哭笑不得。原來學生被我先前說的笑話制約了，我得想辦法導正，並引導到我想要討論的疑問句修辭作用。

我說：「簡單不是壞事，但以身為一個優質讀者、做為清華附小二年級優秀學生的角度來看，哪一種版本讀起來讓人覺得句型有變化、內容豐富、意猶未盡，不會有文章才剛開始就馬上結束的感覺？哪一種？用你聰明的頭腦做正確判斷。」我用幽默甚至誇張的口氣說著。我請學生再讀一讀課文，用心比較。

這時學生改口說：「其實是本來的課文比較吸引人，因為內容豐富、寫法有變化。」還有學生說字數多，稿費也比較多。

賓果！回到軌道上了。

我說我也投課文版本一票，疑問句加上「陳樹菊奶奶」代表的陳述句，這樣的寫作方法令人耳目一新。學生也都同意。

我問：「這樣看來，疑問句有作用。想一想，疑問句有何作用？」我再次請學生多讀幾次課文，感受疑問句在文章裡的作用與力量。

小朋友唸唸有詞，然後恍然大悟了。

學生——這個疑問句就是在問問題，問我們問題，我們就會想要知道答案，這個疑問句引起了我們的好奇。

學生——問我們問題，我們對答案是什麼就有興趣知道。

老師——對，疑問句引起讀者的好奇，勾起讀者的興趣，讀者會不會想要知道答案？

學生——會！

老師——先提出疑問句，接著「陳樹菊奶奶」代表的陳述句出場，解釋說明了答案。那麼，疑問句放在段落裡的作用是什麼？

學生——引起讀者的好奇和興趣。

老師——太好了，你們一點就通。疑問句放在段落的開始，激起讀者閱讀的興趣與好奇，也讓文章產生了力量。

這下，學生理解了「設問」的修辭作用，但我心中的準則永遠是「閱讀理解第一」。我再問：「想想看，疑問句在前，『陳樹菊奶奶』在後，那麼，閱讀重點在哪裡？在疑問句身上，還是在『陳樹菊奶奶』身上？」

學生──「陳樹菊奶奶」。

老師──沒錯，但為什麼？

學生──因為「陳樹菊奶奶」有大愛，得大獎。

老師──「陳樹菊奶奶」代表陳述句，陳述句就是肯定句。疑問句帶頭引起讀者的好奇與興趣，陳述句跟在後面解答，揭示的就是知識性內容。陳述句要多看幾眼，因為「陳樹菊奶奶」很重要。（孩子們的笑聲再次炸開。）

這一堂課在笑話與笑聲中開展，我不必秀出「設問」的操作型定義，在老師的提問引導下，在師生問答思辨與討論中，學生就認識了設問修辭。

我要再次強調，修辭教學目的不在於要求學生記住修辭格，而是要能體會文氣，也就是作者使用這樣的修辭寫作技巧，目的是什麼？又產生了什麼效果？

許多人都以為低年級不用進行修辭教學，中年級略提，高年級再重視即可。在我看來，這是來不及的。教師應該在每一個年段，順應教材特性，銜接學生的舊經驗，搭建鷹架，學生的學習內容與效果將比預設的範圍更加寬闊。

六、得寸更進尺的「遞進複句」

「我不只跑很快，我還跑第一名耶！」

上課時，小朋友急著分享剛剛下課時在操場賽跑的戰績。

「我不但吃兩碗飯，還喝了三碗湯。」

午餐時間，小朋友常比較誰吃得多。

這種「不只……還……」、「不但……而且……」的說法，就是遞進複句。以下以課本裡的句子為例：

哥哥很快就找到落葉上的枯葉蝶，我卻什麼都找不到。奶奶笑著跟我說：「想找到小昆蟲，不只要張大眼睛，還要細心找，不能太著急。」

教材來源：翰林版國語二上第七課〈樹林裡的祕密〉

這一課〈樹林裡的祕密〉講述奶奶帶著小兄妹倆在樹林裡尋找葉脩、枯葉蝶、竹節蟲等偽裝昆蟲的經過。

課文進行到第二段時剛好下課鐘響，我說：「不耽誤小朋友下課時間，先請大家把『不只要』、『還要』這兩個語詞圈起來，想想看為什麼要圈出這兩個語詞？這兩個語詞串聯的句子之間又有什麼關聯？」

小朋友下課時盡情玩樂，上課鐘響回到教室擦汗喝水後，我便問：「剛剛請大家把『不只要』、『還要』兩個語詞圈起來，請問你們，圈這兩個語詞要注意什麼？這兩個語詞串聯句子的作用又是什麼？」

沒想到，小朋友熱心又熱情的糾正我：「老師，你圈錯了，應該要圈『張大眼睛』，因為這是四字詞。」接著有人附和：「老師，你真的圈錯了，應該要圈『細心』，這是本課生字出現的語詞。」

聽著低年級小朋友天真的想像，以及「無中生有」的超能力，我不禁扶好差點碎地的眼鏡。我和學生再次確認圈選的語詞是「不只要」、「還要」，並且重述我的提問：「這兩個語詞串聯句子的作用是什麼？」接著便有多數小朋友熱烈舉手。

看到這一片手海揮搖的畫面，我甚是欣慰，心想，我真是把學生教得太好了，有思考力又有行動力。

我邀請一位小朋友回答，他站起來便呼嚕呼嚕的唸出這一大段課文內容：「奶奶笑著跟我說：『想找到小昆蟲，不只要張大眼睛，還要細心找，不能太著急。』」

老師們一定同意我這樣說，不加思索就唸課文是小學生的通病。請學生回答問題，或是摘段落重點句，或是摘段落大意，學生常常腦筋不轉就是先唸課文。

我說：「你不過是把奶奶說的話一字不漏讀出，沒有回答到問題的核心哪！」接著，我邀請熱烈舉手的第二位小朋友，他站起來一派豪邁大聲的讀出：「奶奶笑著跟他說：『想找到小昆蟲，不只要張大眼睛，還要細心找，不能太著急。』」

我按捺笑意的說：「你不過是把『奶奶笑著跟我說』改成『奶奶笑著跟他說』，不是讀課文就好，想一想『不只要』、『還要』這兩個語詞串聯起句子有什麼作用？」

接著，全班安靜了。前面一陣亂槍打鳥，這也不對、那也沒中，現在變不出花樣了。

這個安靜很重要，靜下來能進入深層思考，但學生的安靜也反映出不理解我的問題，我必須輕推一把。我搬出推進思考經典話術：「老師有說過，句子跟句子之間——」「彼此有關聯。」學生黯淡的回答著。

「既然句子跟句子之間彼此有關聯。那麼，你們把句子多讀幾次，看看彼此之間有何關聯？」

只見小朋友紛紛把眼光回到課文，嘴裡開始唸唸有詞，表情對了，那是思考的神情。

我再鼓勵之：「說說看，在教室裡說錯了沒關係。」是等了有那麼一會兒，小萱怯怯的半舉起手。當小孩沒把握時舉手的姿態就是這樣，怯羞羞的，不肯定的。

小萱站起來，輕輕的說了兩個字「不夠」。聽到這「不夠」，我知道她已有發現，便繼續問：「然後呢？」

「多一點。」小萱像發現新大陸似的提高音量。我驚喜不已的說：「八九不離十，來來來，說清楚！」

每當我丟出難題，學生一片百思不得其解時，若聽到我說「八九不離十」，就會有一種「賓果」的喜悅。

小萱這下篤定了，音量也加大加滿的說：「老師，我知道了！想要找到小昆蟲，只有張大眼睛不夠，還要多一點，細心找，不能太著急。」

我說：「真是太優秀了！桌椅真的可以搬到高年級跳級上課了。」其他人聽到我這樣稱讚小萱，眼睛都發亮了，也好奇的想知道其中奧祕。

老師——想找到小昆蟲，只有張大眼睛，夠不夠？

學生——不夠。

老師——在這個基礎之上，如何更進一步？

學生——細心找，不能太著急。

老師——對！遞進。（全班恍然大悟。）

學生——原來如此！有了基礎還不夠，還要多做一件事。

當我說：「對！遞進。」這時，小中輕聲說：「遞進複句。」我很驚喜他竟然說出「複句」二字，我問：「你怎麼知道是遞進複句？」他說：「我記得老師說過，兩個或兩個以上的句子就是複句。」儘管他說錯了，但這孩子能有句子構成的想法已經很不錯了。

我先稱讚小中有想法、能表達，真不錯。接著我說：「不是兩個或兩個以上的句子就是複句，而是這兩個或兩個以上的句子，句子和句子之間——」當我把手伸出去，等待小朋友接著說時，大家已經頓悟，掃去黯淡且響亮篤定的說出：「彼此有關聯。」

沒錯，兩個或兩個以上的句子，彼此之間有關聯，這就是複句。

我很欣喜國語課能有如此精采的討論與產出，儘管學生會想錯方向、會抓不到重點、會困惑、會想不出來，但經過一而再、再而三的引導思考，知識面貌也就愈來愈清晰。

學生透過觀察句子結構掌握了句型概念，只是缺乏名詞定義。在理解之後，老師再提出名詞定義，學生就記住了，不會變成死記。

學生並不是能寫生字、知道詞語意義就能讀懂；認識修辭技巧可以促進閱讀理解，並在寫作上運用修辭方法。句型修辭教學見微知著，大大促進閱讀理解；句型看過讀過千萬別錯過，萬萬要重視它！

6 有效教學經驗分享

——教與學答客問

在觀課議課現場或研習場合的分享，總有「所未盡者尚有萬千」的遺憾，許多老師在熱情的參與中還想知道更細緻的細節，或有問題和困惑待釐清。這一章就來解答老師常面臨的教學疑難雜症。

問——教師提問時要如何設定難易度？

答——教師提問不能只問簡單問題，讓學生不加思索就會回答，這樣皆大歡喜但有點自欺欺人；也不能都問難題以考倒學生為樂，這樣會挫敗學生。

教師提問原則不外是「由易到難」，也就是「由低層次問題發展到高層次問題」，

「由直接理解歷程引導到解釋理解歷程」。

在文本字面上可以找到答案的問題是簡易的問題，漸次帶入段落內與段落間關聯性的問題，最後以全文的統整和推論做結，問題也就由淺到深。

各類問題要能兼顧，問題不要脫離文本，以讓學生理解文本為目標，這樣就能掌握提問的技巧。

問——當教師提問時，沒有學生舉手該怎麼辦？

答——俗話說：「好的開始是成功的一半。」教師帶領新班級時應該把握契機，利用這個「開始」，建立課堂教學「討論與發表」的風氣。

我會跟學生說，當我問問題時，每個人都要接收問題、思考問題，並嘗試回答問題。在教室裡要參與，要試著舉起手來回答問題，發表自己的看法。沒有習慣舉手發言的小朋友，你需要一點勇氣並練習看看，就像這樣（我示範），把右手從耳際直直向上舉過頭頂，不要擔心，在教室裡說錯了沒有關係，老師希望你就是說說看。

老師要讓學生知道，不管他說什麼都沒關係，讓學生「放心」，才會有舉手的意願。

有的學生習慣「躲藏」，以為不舉手就沒事，我會「邀請」小朋友回答問題，有舉手的、沒舉手的，都會邀請。久而久之，學生會漸漸習慣在教室裡參與討論及發表。一旦學生養成躲藏的習慣，要再邀請他參與課堂活動會變得比較困難，教師可以配合班級經營的獎勵模式鼓勵學生。

另一方面，學生不舉手回答問題，有可能是聽不懂問題或不知道如何回答，教師則可以試著再具體說明問題為何，及運用提點學生思考的技巧。

問——如何引導不愛發言的孩子表達想法？

答——小朋友有各異其趣的學習特質，有人是聽覺學習型，有人是視覺學習型，還有人擅長口語表達，更有人是操作學習型，老師若能了解學生，更能適性引導。

對於氣質溫和文靜、不愛發言的孩子，老師可以多邀請他發表。當孩子開口說了，記得給他鼓勵讚美，也就是增強，這個鼓勵可以促進他積極參與學習。

如果是反應較遲鈍、表達力較弱的孩子，不愛發言可能是因為不會回答問題，不知道該怎麼說，老師需要協助他安全過關，維持其自信與自尊。例如，請會回答的小朋友先說，讓他在聽過別人發表後再試著自己說說看，老師也從旁協助統整或複述，創造讓他成功的經驗，點滴建立其信心。

問——資質好的孩子老是搶著發言，該怎麼辦？

答——的確，如同前面所述，孩子各有不同的學習特質，會有踴躍舉手部隊，也會有不到最後關頭絕不輕易舉手的人。

我的課堂規矩是「說話請舉手，點到才開口」，有的孩子反應快，急著說，如果不等待邀請，或別人還在思考整理就自顧自搶著發言的孩子，我會告訴他「學習等待」、「學習忍耐」，要給別人機會。我會做個比喻，看電影時最討厭的事就是旁人不斷透露劇情，因此，不要當「劇透」的人，讓別人保有自己探究的權利和機會。

我也會鼓勵孩子，在熱烈舉手但沒被邀請回答或在等待時，可以寫下想法，課後張貼白板上讓大家閱讀，這也是發表的形式，同時滿足其參與課堂的動能。

問——教師提問問題後，要不要讓學生進行分組討論？

答——教師提問問題後要讓學生獨立思考、或兩兩討論、或小組討論，這沒有一定準則，老師可以有專業考量，或視情況交替使用。如果是高層次問題、較難回答的問題，可以利用小組討論的方式，讓學生在小團體中互學共學，效果比獨立思考更好。

問——句型教學在低中高年級是否有不同目標？

答——句型是閱讀理解的基石，老師能意識到這點就要盡早重視，並在課程中有所引導。我相信以深入淺出之提問方式，可以帶領低年級孩子一探句型奧妙，讀巧又讀懂，因此，我出手甚早。

前一章我所分享六個低年級句型教學實例，便幾乎涵蓋最常見也是最基礎的句型類型（比喻句、條件複句、承接複句、轉折複句、設問句、遞進複句）。只要能夠在低年級時打好基礎，中高年級便可以著眼於訓練學生閱讀長文、寫作指導及深度思維和邏輯表達的能力。

但若老師發現中高年級學生無法理解基礎句型，還是要從根本做起，不可視而不見或捨本逐末。學生缺什麼就要補什麼，不論哪一個年段，這是不變的道理。

問──如果課文是節選的內容，教師要不要準備原著原文讓學生閱讀？

答──是否讓學生閱讀原著原文，教師會有專業安排，不妨參考這樣的原則：若閱讀原著原文對學生的閱讀理解有所助益，何樂而不為？

一年級上學期課文有〈門開了〉這首新詩，我讓學生讀作者方素珍的兒童詩集《明天去遠足》，學生不只讀到原文〈請開門〉，也興致勃勃讀了其他充滿童趣的詩歌。

二年級下學期閱讀樂園〈巷口的伯伯〉是由同名繪本改寫的文章，小朋友讀了繪本，相輔相成。

三年級下學期有〈巨人的花園〉一課，學生去圖書館找到繪本《自私的巨人》來讀，課文裡只寫花園「很漂亮」，學生發現繪本裡清楚描述花園裡種什麼花，顏色姿態如何，所以很漂亮。原文更具體具象。

四年級有〈請到我的家鄉來〉一課，當然要推薦學生閱讀文學性與藝術性很高的經典同名繪本《請到我的家鄉來》。進行完四年級〈動物啟示錄〉課文之後，學生讀作者王溢嘉所寫的三篇原文，他們發現原文文字更精闢。

五年級有〈山豬學校，飛鼠大學〉這一課，班書共讀就是作者亞榮隆・撒可努的小說《山豬・飛鼠・撒可努》。學生追問作者還寫了什麼書，我推薦了《我的獵人父親》、《外公的海》。

六年級有〈我的阿富汗筆友〉這一課，課程計畫我們早已排定全學年班書共讀同名少年小說《我的阿富汗筆友》一書。

此外，讀到〈棉花上的沉睡者〉一文，我就把家裡的藏書、原文出處張曼娟的小說《黃魚聽雷》帶來，有興趣的孩子會去翻閱。舉凡種種，不勝枚舉。

我是鼓勵學生閱讀的，課文要讀，原文也可以讀，課內課外相結合，學習效果加倍加速。老師可以配合課程統整規劃，考量進度時間。是否閱讀原著原文？讀多少？共讀或推薦自由閱讀？點到為止或深入討論？都在老師的彈性運籌帷幄中。

II 素養第二課

自主學習力

——自主學習能力這樣教

學生在學習的過程中，要能表現出個人的主動性、堅持和修正的能力，這是自主學習的價值。

自主學習從學生提問開始，讓學生對文本產生疑問，鼓勵學生問問題，並且是問好問題。

教師將學生邀請進來當學習的主人，給學生時間思考、操作、發現與探究，教室裡的風景漸漸就有了改變。

1

教學不是老師的獨腳戲
——放聲思考，引導學生產生疑問

自主學習仍是要以「簡易、可行、好操作」的模式進行。我持續以「提問」做為訓練學生自主學習的起點，但要從「老師提問」轉為「學生提問」，讓學生對文本產生疑問，鼓勵學生問問題，而且是問出好問題。

我講話速度快，做事俐落，教學節奏明快。過去課堂上習慣多講多給，直到九年一貫教改直至新課綱的醍醐灌頂，漸漸覺得「快」不一定是快，有可能欲速則不達；而「慢」不見得是壞事，「慢」也有可能產生「快」的結果。

這個「慢」指的是教師放慢速度，不必趕進度，不必口沫橫飛。教師慢一點沒關係，給學生時間思考、操作、發現與探究；學生慢一點無妨，老師學習等待，於是教室裡的風景漸漸有了改變。

講台前不再只有老師，學生也站到台前來了。學生不再是枯坐在座位上當聆聽者，他們可以交談討論，可以適度走動，可以發表分享，有互動的空氣流動。教室裡的風景有靜有動，學生也有勁有動（能），這就是自主學習。

自主學習不是獨立學習，不是放任學生自己摸索，教師在一旁納涼。自主學習指的是學習者在學習的過程中，能表現出個人的主動性、堅持和修正的能力，過程需要教師的序列引導，適時協助澄清、反思與串聯。

一開始教師絕對不會比較輕鬆，甚至得投入更多的時間和精力，但讓學生養成自學力是刻不容緩的事，學生會漸入佳境，老師的成就感更是無法言喻。

新課綱精神強調以學生為主體，但教室裡老師的位置仍很重要，老師的引導形塑學生的特質與素質。然而老師不應唱獨腳戲，要將學生邀請進來，進到教學情境裡，讓學生成為學習的主人。

自主學習仍是要以「簡易、可行、好操作」的模式進行，我持續以「提問」做為訓練學生自主學習的起點，但要從「老師提問」轉為「學生提問」，目標仍是走向有效學習。

自主學習從學生提問開始，便是要讓學生對文本產生疑問，鼓勵學生問問題，而且是問出好問題。

放聲思考，練習提問

學生如何提問，就從「放聲思考」開始。

放聲思考乃是閱讀者藉由說出心裡的想法及觀念來增進閱讀能力，提升對文本的理解。可分為下列四個步驟：

1 **讀出聲音**——讀出文本內容。
2 **直覺思考**——說出自己腦中在想些什麼。
3 **困難何在**——直覺說出自己讀文章遇到什麼困難。
4 **解決方法**——直覺說出如何處理這個難題的過程。

在小學階段要讓學生走到第四個步驟「解決方法」，需要更多的訓練與等待身心成熟，老師可以簡化上述四個步驟，並轉換成學生可以上手操作的學習策略，也就是「把問題說出來、寫下來」。讀到哪裡不懂，就把問題說出來、寫下來。

身為閱讀者，在閱讀過程中會產生兩類問題。

一類問題是「Wonderment Question」，驚喜的問題，亦即作者在文本中提到某些事情，引發讀者的好奇與驚喜，想知道更多、更深層的內容。這類問題多與情節有關，讀者讀著讀著，隨著情節開展，這一類問題通常會得到解答。

另一類問題是「Puzzlement Question」，困惑的問題，也就是讀者在閱讀時產生埋解困難，有時是因為沒有掌握作者的思考脈絡，有時是因為缺乏背景知識。這一類問題就算在全篇文章讀完後也不容易得到解答，這與作者的鋪陳是否足夠，也和讀者本身背景知識充分與否有關。

有人把閱讀理解比喻成冰山，浮在海面上視野可見的冰山多屬於低層次問題，隱藏在海面下的冰山也許範圍更廣大，這多屬於高層次理解問題。海面上的冰山多屬於Wonderment Question，海面下的隱藏冰山則多屬於Puzzlement Question。

學生在提問過程中，並不需要判斷自己問的問題是屬於哪一類型，只要能夠針對自己不懂的地方提問就可以了。

當老師問：「有沒有問題？」

學生大多會回答：「沒有。」

問問題對學生來說是困難的事，因為他們未經訓練，不知道該怎麼問，沒有養成思考習慣，不覺得有什麼好問，也擔心問問題表示自己不夠聰明會被取笑，又或者以為自己都懂所以沒什麼好問。

至於學生自以為的「懂」，多停留在理解語詞的意思，但我們希望學生提問的問題能深入課文，或是挖掘課文內層，也就是問出海面下看不見的冰山。因此，教師的首要目標就是要引發學生的深層思考，讓冰山漸漸浮出水面。

有句話說：「本能以外的事統統都要教。」舉例來說，肚子餓時把食物放進嘴裡這是本能，但如何吃得優雅這就需要教導。同理，要學生提問也需要教導。因此，教師的示範作用格外重要。

以六年級〈我的阿富汗筆友〉這一課為例，來看看學生在面對這一課課文時，會產生哪些閱讀理解難題。

讀書報告——我的阿富汗筆友

故事內容：

艾比是一個美國女孩，就讀小學六年級。她因為成績可能會不及格，所以答應做一項特別的加分作業。老師根據國際筆友教學計畫，要她克服空間的限制，寫信到距離很遙遠的國家。老師提供了幾個地方讓艾比挑選，她因為特別喜歡山，所以選擇將信寄到阿富汗喀布爾北方一個沒有網路和電腦的山村小學。這是個純樸的村子，蘇聯入侵的戰爭已經結束，塔利班政權也沒有將勢力延伸到這裡。收到信時，村民代表開會決定，既然要追求「進步」，又要尊重「傳統」，就要發揮好客有禮的精神，也要遵守男女相處的禮貌，於是找了村裡英語能力最好的學生薩迪德來回信，但是受限於當地保守的傳統文化，只能由他妹妹雅米拉來簽名。

基督教文化和回教文化的教義之間有些互相排斥的事情。然而藉著信件往返，他們學會調整自己的想法，相互成為好朋友。艾比學會了欣賞阿富汗的「傳統」，發現到村民對禮貌的重視，從薩迪德的信中學到勤儉知足的生活樂趣。薩迪德也學習了美國的「現代」文明，從艾比的信中發現有趣的休閒生活，見識到女孩在民主社會所享受的自由。

正當他們產生了濃濃的友誼，準備探索彼此更多有趣的習俗時，卻出現了一個塔利班士兵，因為看到信封上的美國國旗，生氣的撕掉薩迪德手中的信，還威脅到他們兄妹的安全；艾比的學校也接到家長的抗議電話，認為這項通信作業對恐怖攻擊事件的受難者不敬，信件往返只好被迫中止。

讀後感想：

一開始我很好奇，在網路這麼發達的時代，為什麼艾比的老師不讓她運用電子郵件，而鼓勵她用手寫信件去交筆友呢？讀完整本書，我才發現，原來世界上還有許多地區沒有網路，而這些沒有網路的地區，電子郵件根本進不去。

同樣是女孩，艾比可以穿著短袖T恤去攀岩，而雅米拉卻必須將全身包起來，只露出眼睛。艾比最喜歡在學校的人造攀岩場上練習，想像那真的是一座山，因為她的家鄉一片平坦，連一座小山都沒有親眼看過，所以艾比特別想要接近山，並且以為別人也跟她一樣。但是對阿富汗的村民來說，山並不是休閒的好地方，它可能造成交通的不便，其中也可能躲藏著強盜或恐怖份子。艾比試著了解薩迪德眼中的山；薩迪德也用叔叔提供的繩索去練習攀岩，後來他們對於山，都各自有了新的體會。

我的年紀和他們一樣，對這兩種不同的生活方式都很好奇。我也很想知道，為什麼小孩子開心的交筆友，大人們卻要干涉？小孩打架，大人會要我們和好，為什麼大人自己卻不用文明的方式解決衝突，非得要打仗不可？這給我很深刻的啟發：如果能看見更多不同的事物，就表示我的「眼界」變寬了。如果能容納更多不同的意見，去關心更多的人，就表示我的「心胸」變廣了。

閱讀這本書的感覺，有點像出國旅行似的；再看看書桌上的地球儀，覺得真像從太空俯瞰地球，似乎只要拿起高倍率的望遠鏡，就能看到有趣的景物。不過我對各個國家還不太了解，得先靠著書、電視和網路去環遊世界。我已上網查到徵求國際筆友的訊息，好想請老師指導我，當成我的特別加分作業呢！

教材來源：翰林版國語六上第三課

試想，當學生讀到這一課，將會產生哪些疑惑？肯定不少。開始閱讀時，學生可能好奇「美國女孩與阿富汗男孩通信耶！他們會通信到什麼時候？」隨著文章開展，學生會讀到因為塔利班士兵的介入迫使兩方通信中斷，這個問題得到了解答，這就是屬於Wonderment Question。

學生問題又如，基督教文化和回教文化各自的教義是什麼？又有哪些互相排斥的事情？還有，阿富汗的傳統是什麼？為什麼跟美國女孩通信還需要全村開會決定呢？

這些問題不是在了解詞意、段落大意或全文大意後就能解答，這屬於Puzzlement Question，像零碎拼圖一樣，很難拼湊全貌。自主學習後端常在解決這類問題，這類問題就像海面下的冰山，更能擴展知識面貌。

教師示範「把問題說出來」

但，倘若教師沒有引導學生問問題，學生可能也就漠視自己其實有不懂的地方。

老師如何示範產生問題呢？「放聲思考」就行了。就以本篇課文第一段為例，老師可以說明自己將帶領全班閱讀課文，接著，我打開課本開始讀：

「艾比是一個美國女孩，就讀小學六年級。她因為成績可能會不及格，所以答應做一項特別的加分作業。老師根據國際筆友教學計畫，（什麼是筆友？我只知道有網友。）要她克服空間的限制，寫信到距離很遙遠的國家。（有多遠？）老師提供了幾個地方讓艾比挑選，她因為特別喜歡山，所以選擇將信寄到阿富汗喀布爾（我想知道關於阿富汗和喀布爾的事情。）北方一個沒有網路和電腦的山村小學。這是個純樸的村子，（純樸是什麼意思？）蘇聯入侵的戰爭已經結束，（為什麼蘇聯要發動戰爭？）塔利班政權也沒有將勢力延伸到這裡。（我很困惑的是塔利班政權勢力有多大？）」

當我這樣讀著，小朋友已經按捺不住且面面相覷，感覺十分不對勁，忍不住出聲糾正我：「老師，你唸錯了！」「老師，你的課本和我們的不一樣嗎？」「老師你都亂唸，課文裡沒有的句子你都亂加亂唸……」

我說：「我不是亂唸，也不是唸錯，我的課本和你們的課本都一樣。我是讀到不懂的地方，把我的問題說出來。」

小朋友這時才體會到，讀文章是可以讀不懂的、是會讀不懂的，是可以放心、自在的把讀不懂的地方說出來，不管問什麼問題都是值得被重視的。

提問是學習過程不可缺少的部分，會產生疑問才能成為主動的讀者，透過學生的提問，教師也才能理解學生的想法與困境。因為老師與學生對文本解讀的能力不同，學生提出的問題，正是表現出他們思考的質與量。

學生懂得提問，比回答正確答案更重要；懂得提問，學習會變成有趣的探險，因為提問的能力是走入高層次思考的途徑，問出好問題，學生會受惠於答案。所以，就讓自主學習從學生提問開始。

曾經帶三年級新班級時，我讓班級做小組討論。我以為小朋友在低年級時應該有過不少討論的操作練習。開始討論後，我發現學生竟在猜拳，原來在猜拳決定輪流把名字寫下來的順序。我說這樣猜拳、寫完名字，五分鐘就過去了，各組只要寫下組別代號就可以了。我以為應該能回到討論了，訝異的是，學生又開始猜拳，原來這次是要決定大家輪流寫自己的意見或問題的順序，顯見學生的討論訓練不夠。

有質感的討論

我告訴學生，討論有四個重點：**第一是眼神支持**。小組裡誰正在說話，眼睛就應該要定定直直的看著他，這代表尊重發言者，也是幫助自己專心聆聽的好方法。

第二是學習等待。當他人在講而你也想講時要學習等待，等他人說完我再說，這樣就不會干擾別人或吵鬧不休。

第三是不懂提問。他人說的你不理解就可以問，客氣的問：「這裡我不懂……」「請問你的意思是……」「這裡可以再說一次嗎？」

第四是真心讚美。別人說得好、說得很努力就該不吝嗇的真心讚美：「你說得真好，我聽懂了，謝謝你。」

這是小組討論的方法，也是態度，更是人我互動的禮節。

我讓每個學生的抽屜籃或鉛筆盒裡，一定有一枝深色的彩色筆或粗黑簽字筆，方便討論時隨時拿出來用。

小組討論就是暢所欲言，每個人都是主角，都可以說。先進行討論，有共識之後再寫下各組的提問或看法。

這裡分享的是我的操作方式，小朋友的討論一次次精熟，會產生秩序感。當然，每個老師各有不同的進行模式，有的老師會在小組裡指派不同職務，如主席負責主持、記錄寫下大家的發言內容、管家管理秩序、司儀說明流程等。這些都很好，沒有硬性的規定。

工欲善其事，必先利其器。知道了如何小組討論，同儕間有交流，互動共好的課堂學習就可以開始了。

2

自主學習，年級不設限

——低年級自主學習初探

前來觀課的老師表示對我的創新教學感到佩服，我說這不是創新教學，能對學生學習有幫助的、有效的教學法，不用設限年級，教師都可以試試看，考慮學生的經驗值，在過程中修正，在修正中累積經驗。

學校臨時接到一個任務，外縣市的語文輔導團要來校參訪並觀課。語文輔導團來校參訪，感覺是教育界武林高手群集來下戰帖，研究處珮貞主任客氣的問我可否幫忙，秉持著「行政服務教學，教學回饋行政，教學行政一家親」的信念，我二話不說馬上答應。

珮貞主任接著更加小心翼翼的說參訪團體下週就來了，迫在眉睫，準備時間有限。我說可以，養兵千日用在一朝，沒問題的。珮貞主任感動得都要掉淚了，一再言謝直說打擾了，又說請我不用特意準備，我說我不會特意準備，就照平日上課模式進行。

自主學習何時開始？即刻！

我是真心不特意準備，平日來觀課的團體不少，若每一次都要大費周章耗盡心力準備，實在應接不暇。況且，我看待公開觀課就是很尋常的一堂課而已，課堂裡展現的就是最真實自然的教學實境，可能有學生不進入狀況，也可能分組討論時發生爭執或無法產出結果，更有可能學生聽不懂教師的提問，各種可能都有，但沒有關係，這就是最活跳跳的教學現場。

根據教學進度，我的二年級班級課程將會進到第六課〈神奇的本領〉，那麼，迎接語文輔導團觀課就上這一課（課文參見一二五頁）。

備課用書（或稱教師手冊）上標示這一課的文體是記敘文，但我認為是說明文。說明文的文字特性是理性，純說明純介紹，不帶有個人情感。說明文在生活中隨處可見，例如商品說明書、使用書或導覽手冊。低年級選文雖然少見說明文，但我認為還是可以建立小朋友對說明文的認識。

此外，「提問」的訓練在帶領二年級這個班級已持續練習，本課多是關於知識性的敘述，學生在閱讀本課時應要產生問題，因此我打算以「學生提問」來串聯課程。

讓小朋友學習問問題，對文本產生疑問，再由教師帶領，以討論、觀察、閱讀等策略循序引導解決問題的歷程，帶動思考、產生學習，而學生也能從中培養態度與能力，最終得到知識概念。

從課文名稱拉開序幕

這堂公開觀課是本課的第一節，也就是一課的初始。首先，我將課文名稱「神奇的本領」寫在白板上，說：「今天要進行的是第六課〈神奇的本領〉，請問，從課文名稱，你會抓取哪個關鍵語詞？」

讓學生先觀察課文名稱，是因為文章名稱跟文章內容一定有關聯，從題目汲取關鍵詞，等同拿到了這一課的入門票。

學生──神奇。

學生──本領。

老師──「神奇」是什麼意思？（我追問。）

學生──就是很神的。（這個回答有意思。）

老師──具體一點。（當我說「具體一點」這句話時，學生會知道要補充說明，要給更多訊息，好讓他人聽得更明白清楚。）

學生──神跟人不一樣，很神就是比一般人還要厲害。

也有學生說神奇就是奇妙、奇特、奇怪、奇異。

綜合起來，學生說「神奇」就是很奇妙、很奇特、很神的，跟一般人不一樣的。我稱讚這個回答很有趣，也很傳神。

接著，學生解釋「本領」就是本事，厲害的事。所以我做個小歸納，「神奇的本領」就是很奇妙、很奇特，跟一般人不一樣的本事。

判斷文體，建立對文章的認識

請學生各自默讀課文並全班美讀（優美的朗讀）課文之後，我問：「這一課的文體是什麼？分成幾段？」這個問題是一課開始，我固定會問的，目的在讓學生建立對課文的基本認識。問多問久了，學生在面對新課文時，早就養成判斷文體及區分段落的習慣了。

學生說：「記敘文，分成四段。」學生並養成習慣，會在默讀課文時，就把一、二、三、四的段落順序標示在各段上面。

這個回答出乎意料，因為我認為它是「說明文」，加以前面上到第三課〈種子找新家〉時，我也以該課為例介紹說明文的特性，我以為學生已對說明文有概念。

沒關係，既回答之則安之，既安之則找證據之。既然學生說是記敘文，一定有其根據，總要聽聽學生的想法。

老師—你們說是記敘文，應該就會想到記敘文有五大要素……

學生—（我話還沒說完，學生就急著回答）人事時地物。

老師—說到人事時地物，你的腦海中會跑出一個圖像，是哪一個圖？

學生—泡泡圖。

於是，我邀請一個小朋友上台畫出記敘文的基本架構圖Bubble Map，學生總以「泡泡圖」稱呼及記憶。

小朋友畫出泡泡圖，並寫上「人事時地物」（請見一六六頁），雖然字有點歪斜、泡泡也大小不一，但是沒關係，無損於理解，都是學習的歷程。

接著，我請學生找出這一課中的「人事時地物」分別是什麼。學生口說，我寫在白板上，師生共構出記敘文的架構。

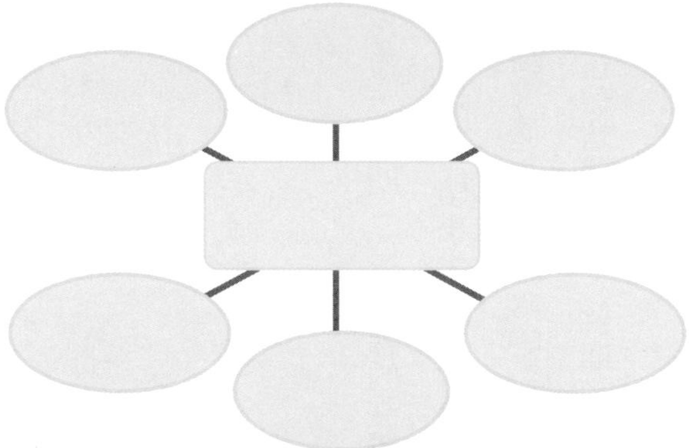

利用泡泡圖，引導學生拆解記敘文架構

人——人物；學生說本篇是擬人化寫法，有章魚、水母、發光魚。

時——時間；學生說課文沒有提到，所以我在「時間」的欄位打個小✕，代表沒有。

地——地點；學生說，每一段的開頭都揭示了地點是「大海裡」。

事——事件；學生唸起課文句子來了：「章魚噴出墨汁，想從大魚眼前逃跑。」

老師——章魚在表現他的本領，對不對？（我引導寫成關鍵字。）

學生——對！

之後學生就能跟著說「有毒的水母，一開一合要去找食物，也是在表現本領；發光魚點了燈，等著捉小魚，也是在表現本領」，所以我在「事」的欄位寫下「表現本領」。

物——物品；學生說這一課的物也是章魚、水母和發光魚，因為課文用擬人法來寫，所以人和物是一樣的。

於是，我們找出了人事時地物的要素，師生一起建構出課文的架構。根據這個圖像化的架構，老師就可以帶領學生試說大意。因為是一課的初始，尚未進行內容深究，所以是

「試說大意」，試著說說看這一課大概的意思。

「試說大意」都是以這樣的順序來說：什麼人、在什麼時間、什麼地點、發生什麼事。

我邀請學生試說大意，學生指著泡泡圖依序說：「章魚、水母和發光魚在大海裡表現他們的本領。」我稱讚說得很好。

學生說這一課是記敘文，也試著找出記敘文要素並試說大意。辨別文體及找出對應重要元素和試說大意，這是我們從一年級以來就不斷共做練習的。但這時，我拋出不一樣的想法：「一開始，老師問這一課文體是什麼，你們說是記敘文，於是我們找證據，也試說大意。但是，我想的和你們不一樣，我覺得這一課不是記敘文……」

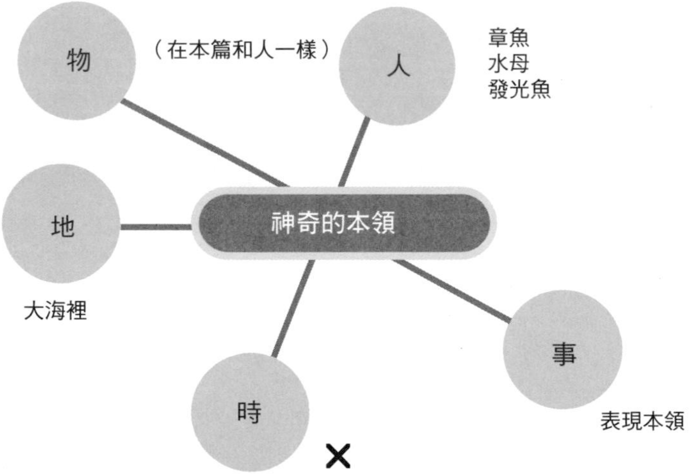

泡泡圖活用範例：拆解課文裡的人事時地物

找證據，支持自己的觀點

這時學生出現詫異表情，好像在說：「文體是什麼不是已經水落石出了嗎？怎麼還會半路殺出程咬金？」一沉默片刻後，有個孩子迸出一句「說明文」。

老師——**賓果！對，我認為這是說明文，不是記敘文。**

學生——（七嘴八舌的表達意見）老師，是這樣嗎？應該是記敘文，不是說明文，我們都已經找到人事時地物了。

老師——**你們說是記敘文，就要找證據，證據也找到了。我說是說明文，我也要找證據，現在我們來找它是說明文的證據。**

首先，我得讓小朋友更加了解說明文的特性，我一邊說、一邊在白板寫下，說明文有三大特性，分別是知識性、科學性、客觀性。知識性就是帶給你新的學問，科學性就是很有系統的知識，客觀性就是大家都認同的事情或事物本來的樣子。

老師──現在，我們來找找，課文裡所說的三種大海裡的動物表現的本領，有沒有符合這三種特性？（我用樹狀圖呈現課文一到三段並列的概念。）第一段提到章魚，章魚的本領是什麼？

學生──會噴出墨汁。

老師──噴出墨汁目的是什麼？

學生──逃跑。（顯見學生已能理解課文內容。）

老師──第二段講水母，水母的本領是什麼？

學生──一開一合。

老師──一開一合的目的是什麼？

學生──找食物。

老師──第三段講發光魚，發光魚的本領是什麼？

說明文教學範例：利用樹狀圖，引導學生解析課文內容

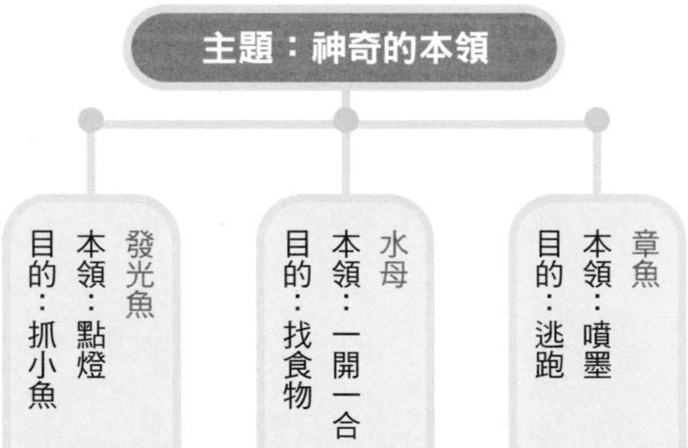

學生──會點燈。

老師──點燈的目的是什麼？

學生──抓小魚。

老師──這些內容有沒有符合知識性？（我指著白板上師生共構出的說明文架構。）

學生──有。

老師──有沒有符合科學性？

學生──有。

老師──有沒有符合客觀性？

學生──有。（小朋友的回答益發肯定。）

老師──對！課文內容符合說明文的特性，而且文字的表達不帶著個人的情感，所以老師認為它是說明文。

學生──原來說明文是這樣。老師，一篇課文可以又是記敘文、又是說明文嗎？可以這樣嗎？（顯然小朋友很不放心，好像要得到一個「標準、唯一」的答案。）

老師——不一定，要看你的判斷和證據。

這是低年級的課文，寫給二年級的小朋友看的，為了吸引小朋友閱讀，就算是說明文，文字也不會硬邦邦，會比較輕鬆有趣，所以你判斷是記敘文。總而言之，看證據，用證據來證明。

學生——原來如此！（小朋友解除了困惑。）

不懂就要問，問得巧又問得好

處理文體判斷和試說大意後，接著，我請小朋友再次閱讀課文，然後進行小組討論，讀到哪裡不懂，把不懂的地方、疑問之處寫下來。

這時就有小朋友給我出難題了：「老師，我不會問問題。」小學生可愛之處就是，平日經常訓練的事可能會忘，也可能在有客人時表現失常或失能，也可能是對提問不熟練。

但有熱心小朋友替我回答：「老師有教過，不懂就要問。」

「忘記怎麼提問沒關係，你可以參考『提問海報』。」我把平日貼在教室左側的提問引導語海報移到白板正中間，讓一時之間不知怎麼提問的學生「有跡可循」。

我所精選設計的這些提問引導語，是我認為可以問得巧又問得好的「通關密語」。剛開始訓練提問時學生不精熟，這張提問引導語海報就是個鷹架，我貼在教室前頭，讓學生抬頭就可以有所參考，像接寫句子一樣，順著脈絡問。學生就算無法對它「一見鍾情」，貼上一整個學期，平時都能瞧上幾眼，就會「日久生情」。

提問海報裡的提問引導是這樣的：

提問這樣問：

1 我很好奇的是……
2 我很驚訝的是……
3 我想知道關於……
4 如果……會不會……
5 我很困惑的是……
6 為什麼……

學生在小組內討論，先說再寫，然後將問題寫在海報紙上。我習慣用四開海報紙進行討論書寫，寫好的海報可以張貼在教室各處，當做這一課的相關情境布置。

結束小組討論後，各組將寫好的海報貼在教室前白板，我帶領大家一起看看各組的提問是什麼，是否有表達不完全或語意不清之處。

小朋友提出的問題不少（請見下頁列表），大多是針對課文語句再深入追問。課文內容簡單，簡述淺顯的科學知識概念，但不能滿足學生想更進一步探究的需求。

看看這些問題多珍貴，都是小朋友透過小組內互動分享後想要知道的問題。如果老師不重視提問、不訓練提問、不鼓勵提問，學生就不會思考，也不會產生問題。

學生不思考不提問，學習就會變得呆滯機械，照單全收課本或老師所提供的內容，卻沒有消化吸收。

此外，我並未規範書寫形式，學生會有各異其趣的思考書寫模式。海報紙也會又塗又擦，那是討論的真實歷程；海報紙會髒兮兮、上頭也會有錯字和大量注音，也會有像繞口令的語句，都沒關係，這都是小朋友表現學習的過程。

自主學習的初始訓練是，不管學生問什麼問題，都不會被取笑，教師都會悅納，營造

小組討論後，各組寫下的問題

第一組

1 章魚表現他在表現出他的本領。
2 水母表現他在找食物。
3 為什麼章魚會噴墨汁？
4 為什麼發光魚會發光？
5 為什麼章魚會汙染海水？

第二組

1 章魚的墨汁會不會用完？
2 水母為什麼有毒？
3 我很困惑的是為什麼章魚會噴墨汁？
4 為什麼發光魚會發光？

第三組

1 為什麼發光魚的頭上會發光？
2 我很困惑的是為什麼章魚的墨汁會汙染大海？
3 為什麼水母有毒？

第四組

1 為什麼章魚要去找食物？
2 為什麼水母沒有背鰭尾鰭？
3 為什麼章魚的墨汁是黑色的？
4 發光魚為什麼要捉小魚？
5 發光魚的燈會用完嗎？
6 水母為什麼要一開一合？
7 章魚的墨汁是一般寫書法的墨汁嗎？

第五組

1 我很驚訝的是章魚跟其他的動物不一樣，會噴墨汁。
2 水母為什麼有毒？
3 發光魚為什麼會發光？

第六組

1 發光魚為什麼會發光？
2 章魚為什麼會噴墨汁？
3 章魚的墨汁有毒嗎？
4 如果陳碩賢的臉碰到章魚的墨汁會死嗎？
5 水母有毒嗎？

安全愉悅的學習環境。例如這個問題我就十分欣賞：「如果陳碩賢的臉碰到章魚的墨汁會死嗎？」我知道孩子想表達的是「章魚的墨汁有毒嗎？對人體有害嗎？」

而有時學生的問題明明可以在課文中找到答案卻還是提出疑問。這是因為有的人真的不懂。沒關係，會有其他人懂，透過討論分享，懂的人教不懂的人，學生之間會產生共學的交互作用。

看過各組問了些什麼，接著就是處理問題，幫助學生解惑。教師要有處理問題的能力，而解決問題、促進閱讀理解，還是要從課文切入，都是先以文本為主。

「有哪些問題可以在課文中找到線索來解答？」我問。學生便將眼光回到課文找線索找答案。學生說，從第一段可以知道章魚噴出墨汁是為了逃跑、躲避敵人；而墨汁是黑的，所以就汙染了海水。

此外，第二段的句子「原來那是有毒的水母，一開一合要去找食物。」從這句話就可以知道水母有毒。我們將已經得到解答的問題，在海報上標示星星記號（如下頁）。

從海報上的星號數量可以看出，能從課文中找到線索解答的問題不多，還有好多問題懸而未解，然而這些問題也是從課文中衍生出來的，只是還需要進一步的推論或找相關資

從課文中可以找到答案的問題，便加上星號

第一組	第二組
1 章魚表現他在表現出他的本領。 2 水母表現他在找食物。 ★3 為什麼章魚會噴墨汁？ 4 為什麼發光魚會發光？ ★5 為什麼章魚會汙染海水？	1 章魚的墨汁會不會用完？ 2 水母為什麼有毒？ ★3 我很困惑的是為什麼章魚會噴墨汁？ 4 為什麼發光魚會發光？
第三組	**第四組**
1 為什麼發光魚的頭上會發光？ ★2 我很困惑的是為什麼章魚的墨汁會汙染大海？ 3 為什麼水母有毒？	1 為什麼章魚要去找食物？ 2 為什麼水母沒有背鰭尾鰭？ 3 為什麼章魚的墨汁是黑色的？ 4 發光魚為什麼要捉小魚？ 5 發光魚的燈會用完嗎？ 6 水母為什麼要一開一合？ 7 章魚的墨汁是一般寫書法的墨汁嗎？
第五組	**第六組**
1 我很驚訝的是章魚跟其他的動物不一樣，會噴墨汁。 2 水母為什麼有毒？ 3 發光魚為什麼會發光？	1 發光魚為什麼會發光？ ★2 章魚為什麼會噴墨汁？ 3 章魚的墨汁有毒嗎？ 4 如果陳碩賢的臉碰到章魚的墨汁會死嗎？ ★5 水母有毒嗎？

料來閱讀，才能找到答案。

查資料要懂技巧

這時，下課鐘聲響起，四十分鐘的課程即將告一段落。我問：「還有好多問題還沒有找到答案，怎麼辦？」學生說可以回家問爸爸媽媽、請家人幫忙上網查，或是下課時去圖書館找書。學生有找資料的概念很好，但找資料也需要知道技巧。

老師——**到圖書館找書或上網查資料，可以用的關鍵字是什麼？**

學生——神奇的動物。

老師——**這太大了、範圍太大了，會像大海撈針撈不到。**

學生——那麼用「海底動物」。

老師——**範圍雖然縮小一點了，但還是很大。**

學生——老師，我們可以用「章魚」、「發光魚」、「水母」來當關鍵字嗎？

老師——當然可以，這三種動物就是課文明白揭示的主角，用來當關鍵字搜尋就聚焦多了。（學生終於兜回課文框架內了。）

藝高人膽大，大膽創藝高

四十分鐘的公開觀課在此告一段落。會後與觀課的輔導團老師座談，有位老師表示，這樣上課很大膽，「這樣上課」指的是一課之始就問文體、建立架構、讓學生提問討論，而不是生字及語詞教學，但感覺得出來是平日就有在訓練的。輔導團老師們對二年級孩子可以「這樣上課」感到不可思議；但也認同，分析課文及提問的能力必須及早訓練。

另有老師說，原本不相信二年級學生可以有等同中高年級的表現，於是她在下課時私下問了我的學生，確認這一節課是這篇課文的第一次上課；老師沒有讓大家回家預習、老師沒有先上過這一課，也沒有預告這一課要怎麼上，或安排「暗樁」指定學生回答。於是她從質疑到相信，相信二年級學生也可以開始問問題，展開自主學習。

還有老師對我的創新教學感到佩服，我說這不是創新教學，這是扎扎實實的閱讀理解教學。只要是能對學生學習有幫助、有效的教學法，不用設限年級，教師都可以試試看，考慮學生的經驗值，在過程中修正，在修正中累積經驗。

老師不斷積累教學經驗，不論採用何種教學法都能掌握教學核心，故能「藝高人膽大」。而大膽讓學生嘗試，讓學生在操作中引發學習方法，創造學生學習的高效與動能，故能「大膽創藝高」。

如同清華大學李麗霞教授常對我們說的，對的事就應該開始去做，同時不急，因為開花結果不會一次完成。這提醒了我們，教師也要學習等待，等待學生熟成的一天。

以閱讀解惑：活用課外或補充教材

觀課結束後，隔天回到課堂，還是得處理尚未獲得解答的問題。有的小朋友說忘記回家要問家人，有的小朋友說在圖書館找不到資料，還有人表示爸爸媽媽說的跟課本上的內容一模一樣，再不然就是家人也說不知道。

我說沒關係，我們可以在教室裡試著一起解決這些問題。

教室的圖書區我本來就擺放一套兒童百科全書，我讓學生找出海洋的那一本，於是小朋友找出《海洋的奇觀》。因為百科全書內容很多，我翻閱目錄再檢視內容後，將大夾子夾在「浮游生物」和「生存」這兩個頁次，放在教室最前頭，叮嚀學生下課可以來閱讀。

接著，我請學生去翻一翻《未來兒童》。學校圖書館裡也有這本期刊，但我希望學生有定時定量的閱讀，所以我訂閱給班上學生看。《未來兒童》有注音，也扣合各學科，適合低年級閱讀。

我告訴學生：「《未來兒童》總是有辦法。」果然學生翻一翻各期雜誌目次，找到了二〇一七年二月號。這一期主題是「未來交通工具」，「精采探索」單元有篇〈自然不簡單──章魚的噴射引擎〉。我們將《未來兒童》也放在教室前，做為相關閱讀推薦。

課堂上，我讓學生看三支短片，分別是「帛琉湖的水母」、「深海發光動物」、「追到你噴墨了」。我的資訊能力不佳，找不到章魚噴墨的影片，於是用同是軟體動物門類的烏賊代替。

觀看影片是「非書閱讀」的型態，影片有視覺效果，讓小朋友眼見為憑。小朋友看到影片中的水母上上下下，觸手開開合合；又看到發光魚在暗黑海底就像螢光棒一樣，更看到大烏賊被大魚追到噴出墨汁，然後往反方向逃跑，無不驚呼連連。

接著，我請學生閱讀一篇短文以促進他們對知識有更進一步的整合。這是根據小朋友提出的疑問，我查閱資料後寫成的短文。

〈神奇的本領〉補充閱讀

葉惠貞

大部分的章魚都生活在海底的洞穴內，章魚大多以爬行為主，較少游泳。章魚在遇到危險，感受到威脅時，就會吐出黑墨，逃跑的方式是往吐黑墨的反方向逃跑，一方面先混亂敵人，一方面趕緊脫逃。章魚吐出的黑墨，對人類無害，可以食用，甚至可以做為寫毛筆字用的墨汁。

目前世界上大約有兩百多種水母，都有毒性。水母最主要的部位就是圓傘狀的身體和觸手，所有水母都是肉食性動物，牠們以魚類和浮游生物為食物。水母獵食的時候會用觸手上的刺絲囊來螫傷或是殺死獵物，然後把食物送到嘴裡。

大部分水母幾乎是透明的，敵人很難發現。有些水母能夠發光，有些水母顏色多變，當牠們在海中游動時，就變成了光彩奪目的圓傘。

海洋中有很多動物會發光，有些魚的體內散布著發光器，所以牠們也會發光。在大海裡常常可以看到這樣的情形：一條大魚向閃光的地方撲了過去，可是卻撲了空，亮光消失了，眼前一片黑暗；但是過了一會兒，那個亮光又出現了，原來是一條會發光的魚。在深海的環境裡，發光魚可以藉著發光的特性辨認同伴，同時也可以藉此誘捕獵物，引誘其他的小魚當食物。海裡的許多魚有趨光性，看見有亮光就會游過來湊熱鬧，發光魚就可以輕輕鬆鬆的吃到自投羅網的食物了。

全班欣賞三支短片的非書閱讀與我編寫的短文閱讀後，我再問學生是否可以解決前一節課尚未解決的問題，小朋友紛紛比出ＯＫ的手勢，神情也自信愉悅。我請各組針對自己提出的疑問解惑。

「發光魚會發光是因為體內有發光器，這樣可以吸引獵物來，然後吃掉它。」

「章魚吐出的墨汁是黑色的，可以用來做墨汁。用完的話章魚會再製造出墨汁。」

「水母有毒是天生的，也可以保護自己。」

「章魚要找食物，因為章魚也會肚子餓。」

「水母沒有背鰭尾鰭，因為牠的身體是圓傘狀，牠還有觸手。」

「發光魚要抓小魚，因為牠也會肚子餓。」

「發光魚的燈不會用完，因為牠不是用電池，牠自己有發光器。」

「水母一開一合，是因為牠的觸手在水中移動時變成一開一合。」

「章魚的墨汁沒有毒，如果噴到我們的臉，我們不會死。」

學生的問題得到解答，也感受到成就感。最後，我問小朋友從這一課課文及討論和閱讀中，獲得哪些新知識？

學生說，知道了大海裡真的有很神奇的動物，水母是以浮游生物為主食。知道海洋中的動物為了生存，會運用許多方法來保護或隱藏自己，好讓自己不被其他海洋生物吃掉，例如，章魚能夠噴出墨汁來迷惑要捕食牠的動物，以便趁機逃走，躲藏起來。

從學生的回答中，我可以確認學生讀懂，也就是確認他的學習結果。

邀請學生提問，讓學生質疑、讓學生閱讀、讓學生探究與自己找答案，是為了讓學生可以像個成熟的學習者一樣有思考的歷程。學生產生問題，課堂上老師不再唱獨腳戲，而是協助學生將相關知識串聯起來，這正是培養學生自主學習所需要的真實情境。

3

提問，產生學習的餓
——回歸語文教學的本質

語文教學重點在內容深究與形式深究。學生要知道這一課「寫什麼」、「怎麼寫」，這才是語文教學該聚焦之處。若體驗活動或發表閱讀感想凌駕閱讀理解之上，教學會變得活動化，甚至綜藝化，而失去語文課該有的本質。

傳統教學模式老師習慣「給」，老師為學生好，熱情熱誠不容質疑，許多事情都是老師做，但學生可能興趣缺缺，因為他們枯坐教室等著被動吸收。教學需要改變，讓學生有「餓」的感覺，才有動機學習。如何讓學生餓？老師可以創造情境，讓學生做教室裡的主人，以提問來產生學習饑餓，再引發解決問題的歷程，並讓學生發展能力與態度，最終便有知識與概念習得。

以下要分享的就是如何以小組討論方式促進自主學習，以四年級的課文為例：

海倫・凱勒的奇蹟

海倫・凱勒出生時，是個人見人愛的孩子。在她一歲多的時候，不幸生了一場重病，造成腦部受傷，失去聽力與視力。由於聽不到別人說話，無法學習語言，使得她連話也說不出來。大家都以為她這一生已經沒有希望了，幸好在她七歲那年，出現一位老師——安・蘇利文，從此改變了她的命運。

蘇利文老師為了讓海倫・凱勒認識世界、了解大自然，常常帶著她在草地上打滾，在田野裡跑跑跳跳，又在泥土裡種下種子，讓海倫・凱勒用手感受種子漸漸發芽、成長的喜悅。

在蘇利文老師長期細心的照顧與指導下，海倫・凱勒學會用手語溝通，用點字卡讀書，也用手觸摸別人的嘴唇，學會發聲、說話。最後，她克服失明與失聰的障礙，完成大學學業。

海倫・凱勒知道如果沒有老師的愛，就沒有今天的她，於是決心奉獻自己。她常常現身說法，鼓勵身心障礙者走出生命的幽谷。她的奇蹟鼓舞了許許多多的人，使他們對生命重新建立信心，找到人生的希望。

西元一九六八年，海倫・凱勒以八十八歲的高齡離開人世，她終身為人們付出的精神，感動了全世界。

教材來源：康軒版國語四上第五課

中年級的語文教學，識字及語詞教學比重可以降低，我的教學重點一向都在閱讀理解。每次接到三年級新班，我都會花時間重新教導學生發展認字策略，包括觀察字的部件組成、比例與結構、美觀書寫該注意的細節，之後便大幅降低生字教學的時間。

許多老師或許會問：「家長可以同意老師不教生字嗎？」我不是不教，而是學生可以自學了，學生有認字及判斷能力，知道寫字的原則是由左至右、由上而下，老師不必執著於筆順部首與造詞，這可以節縮將近兩節課的生字教學時間，省下來的時間做什麼？可以用來深化學生的學習力，讓學生加倍思考與投入。

中年級教學，閱讀理解重於生字詞

許多老師讓學生課前預習，預做準備是好事，但預習也需要教導才能產生效能，否則效果有限。我不一定每一課都讓學生預習，會針對教材特性或課程需要而調整，這一課就沒有先做預習。

這一課不難，敘述淺顯易懂，學生可以像看故事一樣，很快的認識主角人物及其事蹟，我擬用小組討論來讓學生認識其人其事。

一課之始都是從題目著手，我將課文名稱寫在白板上並問：「請問，〈海勒・凱勒的奇蹟〉，這樣的課文名稱會是什麼文體？」學生說是記敘文。

我又問：「記敘文有寫人、寫事、寫物、寫景四種，這一課會是哪一種類型的記敘文？」學生說寫人，我問理由為何，學生說因為題目出現人名「海倫・凱勒」。也有學生說應該是寫事，因為課文名稱有「奇蹟」兩字，奇蹟就是在講事。

學生能有所根據的說明，表現出對文體有判斷力。我做個整理，從課文名稱可以知道這應該是一篇寫人或寫事的記敘文。

接著，學生默讀課文，讀完課文後再判定這一課的文體，學生一致表示這是寫事為主的記敘文。

我說：「對！課文名稱揭示主角人物是海倫・凱勒，但重點放在『奇蹟』，以敘事為主。因此，這一課理解的重點要放在——」當我將手伸向學生時，學生說：「海倫、凱勒的事，和平常人不一樣的事。」

在學習共同體的概念裡，強調學生彼此是互學；再者，新課綱的精神也提到互動與共好，如何讓學生產生互動並促進共好，小組模式是一個路徑。

三個人就能形成小組討論，四個人也可以，若是五個人以上就容易在團體裡產生「客人」，因為人多好隱藏。配合班級人數及座位安排，我以四人一組，班上分成六組。分組方式如下：

教室裡桌椅排成六行，中間兩行為雙桌合併面向講台，前後四桌為一組，前面兩人回頭便可形成四人討論模式。

教室左右兩側分別以四張桌子為一組，兩兩互相垂直，排成ㄈ或倒ㄈ字形。上課時學生視線都是對著講台白板；要討論時，內側的兩人微微側身便可和靠牆的兩人形成四人討論模式。

課堂上需要學生分組討論時，座位安排也要以「簡易、可行、好操作」的模式，迅速促進討論形成。

這一課依自然段分成五段，我請一組負責一段，第六組則負責全部課文。中年級課

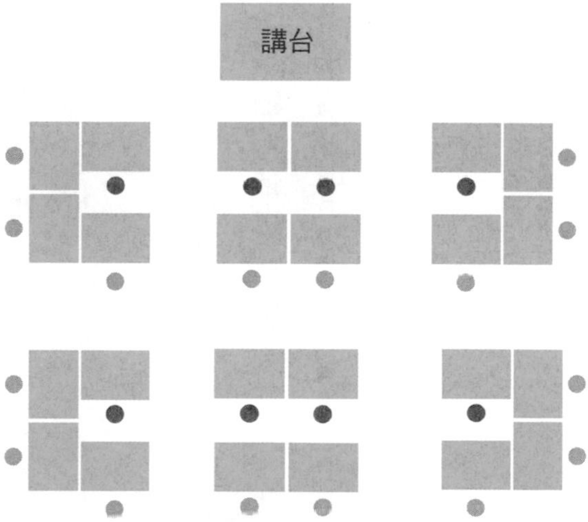

小組討論的座位安排示意圖
（藍點標示的座位，學生轉向便可進行小組討論）

文篇幅較長，老師可以依小組指派不同段落提問，這樣問題不容易重複，全班討論時可以依段落推進課程內容且節縮時間。

再次閱讀全文後，各組針對負責的該段提問，不懂就問，將問題寫在海報紙上（我整理於下頁列表）。小組將海報紙貼在教室前白板上，我帶領全班一起看看各組問了什麼問題，或問題是否有表達不清楚之處。

由學生的問題可知，課文裡抽象的形容或簡化的描述，無法滿足學生，學生想要知道更多。例如，課文裡說海倫・凱勒生重病，學生想要知道她生的是什麼病？課文裡寫海倫・凱勒學會用手語溝通，學生好奇盲人如何學習？學生提出的問題都是從文本出發卻又超出文本所提供。

從課文找線索，訓練自學

教師的教學策略並不需要一直翻新或一再變化，以為可讓學生嘗鮮卻無法熟練操作；教師必須幫助學生發展實用，且能一再提取練習並達到精熟的學習策略，解決問題先從文

小組討論後，寫下的問題列表

第一段	1 海倫・凱勒出生在哪裡？
	2 她在西元幾年出生？
	3 她生的是什麼病？
	4 蘇利文老師是什麼老師？
第二段	1 蘇利文老師怎樣教海倫・凱勒用手感受種子發芽？
	2 蘇利文老師為什麼要對海倫・凱勒這麼好？
第三段	1 她怎麼克服失明與失聰的問題？
	2 她看不到怎麼學手語？
	3 她怎麼學會發出聲音？
第四段	1 她怎麼鼓勵身心障礙者走出生命的幽谷？
	2 為什麼她要奉獻自己？
第五段	為什麼她的精神感動了全世界？
全文不分段	1 為什麼沒有人相信她還有希望？
	2 認識世界、了解大自然對學習有什麼幫助？
	3 她怎麼鼓勵身心障礙者走出生命幽谷？

本中找線索、找答案，便是基礎的自學策略。

因此，解決全班所提出的問題，萬變不離其宗，仍是請學生想想，有哪些問題可以在課文中找到線索來解答。學生回顧課文，認為以下問題可以在課文中找到線索解答：

- 「她西元幾年出生？」

小朋友說這可以從最後一段得到推論。「西元一九六八年，海倫・凱勒以八十八歲的高齡離開人世。」一九六八減去八十八，可以知道她是在西元一八八〇年出生的。

- 「為什麼她要奉獻自己？」

課文第四段寫：「海倫・凱勒知道如果沒有老師的愛，就沒有今天的她，於是決心奉獻自己。」海倫・凱勒奉獻自己是為了回報老師的愛。

- 「為什麼她的精神感動了全世界？」

課文第五段寫：「她終身為人們付出的精神，感動了全世界。」因為她終身為人們付出，所以她的精神感動了全世界。

- 「她怎麼鼓勵身心障礙者走出生命的幽谷？」

課文第四段寫：「她常常現身說法，鼓勵身心障礙者走出生命的幽谷。」所以她用現身說法的方式鼓勵他人。

這時，有人問什麼是「現身說法」？我問如何解釋這個語詞？有學生說：「現身，把身體現出來，就是站出來，再加上說法，應該就是公開說的方式，就是演講了。」可見學生能以字面分析的方式來理解詞意，發表的同時，同儕間也學習到他人的學習妙招。

• 「為什麼沒有人相信她還有希望？」

學生表示線索在第一段，因為她失去聽力與視力，連話也說不出來，她又盲又聾又啞，所以大家都以為她這一生已經沒有希望了。

學生一一上台說明解釋自己在哪些地方找到解答線索，我們一邊做上記號（如下頁列表），足見學生已經養成先從文本找訊息或推論的理解力。而這裡也可以發現，從課文中沒有辦法獲得解答的問題仍有很多。

我問，還有一些問題沒有得到解答該怎麼辦，學生說可以請教師長，回家查資料或上圖書館找書。

我問查書查資料的關鍵字是什麼，學生回答「海倫・凱勒」、「蘇利文老師」。顯見學生查資料能聚焦，可以掌握重點，就不至於海底撈針的瞎忙。

課文中能找到線索的問題，加上★號

第一段	1 海倫・凱勒出生在哪裡？
	★2 她在西元幾年出生？
	3 她生的是什麼病？
	4 蘇利文老師是什麼老師？
第二段	1 蘇利文老師怎樣教海倫・凱勒用手感受種子發芽？
	2 蘇利文老師為什麼要對海倫・凱勒這麼好？
第三段	1 她怎麼克服失明與失聰的問題？
	2 她看不到怎麼學手語？
	3 她怎麼學會發出聲音？
第四段	★1 她怎麼鼓勵身心障礙者走出生命的幽谷？
	★2 為什麼她要奉獻自己？
第五段	★為什麼她的精神感動了全世界？
全文不分段	★1 為什麼沒有人相信她還有希望？
	2 認識世界、了解大自然對學習有什麼幫助？
	★3 她怎麼鼓勵身心障礙者走出生命幽谷？

善用教學資源，書與非書都是閱讀

如何處理學生提問的問題，老師有各式各樣的好方法。讓學生找資料後發表，或是小組協作發表等，都是好事，沒有一定的規矩，也沒有齊一的方式。

在本課的電子教科書裡有三部影片，分別是「海倫．凱勒的奇蹟」、「海倫．凱勒學說話」、「海倫．凱勒的生平」，三部短片加起來將近十分鐘。看影片不是壞事，影片也是一種閱讀形式，是「非書閱讀」的形式，教師可以善加利用現有資源，發揮最大教學成效。這次，我想利用「閱讀」影片來幫助學生解惑。

隔天上課，我們再次瀏覽前一天尚未解決的問題是哪些。接著我說：「現在我們要看影片，仔細看，也許答案就在——」學生接聲回答：「影片中。」

三部影片都是動畫形式，有聲有色，有畫面有音效，很吸引學生。影片中說明了海倫．凱勒得了日本腦炎，造成失明與失聰，脾氣也變得暴躁，父母為了她遍訪名醫但束手無策。後來，發明電話的貝爾先生介紹蘇利文老師到海倫．凱勒家，蘇利文老師因為自己也曾短暫失聰過，所以她感同身受，對待海倫．凱勒特別有耐心。

影片中蘇利文老師帶著小海倫在草地上打滾，帶她觸摸花花草草，聞聞泥土的味道，又把她的手浸到冰涼的溪水中，再放到自己的嘴唇上，讓她感受嘴唇顫動，而後海倫・凱勒也說出water這個字，但因她聽不到，使她的發音跟一般人不一樣。

看完影片之後，我問學生海報上尚未解決的問題可以得到解答了嗎？學生一一回答，我也將學生發表的關鍵字寫在海報上（如下頁列表）。

透過影片欣賞，問題迎刃而解。有的老師擔心讓學生看影片會讓家長誤會，以為老師偷懶，不認真教學。影片不是原罪，但影片要看得有效果，可以讓學生先變成提問問題者，在看影片時，他就不是單純娛樂性質的影片欣賞者，而是帶著疑問的求知者。看影片輔助教學可以名正言順，可以具有說服力。

看影片的時間點為何，又教師是否轉換學生角色，意義完全不同。不然，當家長問孩子在學校都在做什麼，若孩子回答「老師都讓我們看影片」，那真是跳到黃河也洗不清。

接著，我鼓勵學生就自己找的書籍或資料，對主要人物「海倫・凱勒」及關鍵人物「蘇利文老師」自由發表補充報告。

中年級學生已有上網蒐集資料的能力，但網海茫茫，我一向要求學生找來的資料要有

在海報上寫下看完影片得到的解答

第一段	1 海倫・凱勒出生在哪裡？→美國。
	★2 她在西元幾年出生？
	3 她生的是什麼病？→急性腦炎。
	4 蘇利文老師是什麼老師？→她是一直陪伴在海倫・凱勒身邊的老師，教海倫・凱勒學習，很有耐心的老師。
第二段	1 蘇利文老師怎樣教海倫・凱勒用手感受種子發芽？→她帶海倫・凱勒用手觸摸小花小草小種子，持續帶領海倫・凱勒感受大自然。
	2 蘇利文老師為什麼要對海倫凱勒這麼好？→因為她自己也曾經聽不見，感同身受。
第三段	1 她怎麼克服失明與失聰的問題？→她用觸覺學習，用心體會，也感受大自然。
	2. 她看不到怎麼學手語？→蘇利文老師教她。
	3 她怎麼學會發出聲音？→蘇利文老師教她感覺嘴唇的振動。
第四段	★1 她怎麼鼓勵身心障礙者走出生命的幽谷？→演講及出書。
	★2 為什麼她要奉獻自己？
第五段	★為什麼她的精神感動了全世界？
全文不分段	★1 為什麼沒有人相信她還有希望？
	2 認識世界、了解大自然對學習有什麼幫助？→海倫凱勒因為接觸大自然所以學習很快，跟外界有接觸。
	★3 她怎麼鼓勵身心障礙者走出生命幽谷？

「閱讀的痕跡」，也就是學生必須標示出重點所在或節錄主旨，不然，印表機列印出來的落落長文章，若沒有重點，等同無效閱讀。

有學生在圖書館找來名人故事《海倫・凱勒》，以及《未來兒童》「超級大人物」專欄的〈海倫・凱勒——發光的生命鬥士〉。

「蘇利文老師還教海倫・凱勒點字和生活禮儀。」

「海倫・凱勒不只會講英文，還精通德文、法文和拉丁文，她很有語言天分。」

「海倫・凱勒從哈佛大學畢業，她是一個作家也是教育家。」

「蘇利文老師在海倫・凱勒的父母過世後，仍然持續陪伴她。蘇利文老師七十歲時過世，她總共陪伴了海倫・凱勒四十七年。」

「海倫・凱勒曾經獲得美國總統頒發的自由獎章，她是傑出的教育家，也努力從事慈善事業。」

「海倫・凱勒訪問過三十幾個國家，為盲人爭取福利，鼓勵興建盲人學校，也常去醫院探望不幸的人。」

透過這些分享，學生對兩位人物有更多認識。

為段落下標題，深化理解

中年級的國語課，我常將課程提升到更高層次，也就是沒有生字筆順的教學，沒有逐段說明語詞意思，不一定會解釋段落大意。我將全文當做一個整體，帶領學生用宏觀視野，用統整概念，用「高度」與「態度」看全篇課文。

這一課，我嘗試讓學生以「下標題」的方式表現他們對段落的理解。我請大家再次小組討論，用一句話來為小組負責的段落下個小標題。

用一句話來總結段落的意義並不容易。一句話比兩句話還難，之所以限縮為一句話，是避免學生沒有篩選能力，常常一股腦拋出一大段，也就表現不出重點。「一句話」，可以在段落中找出最關鍵、最重要的那句話，也就是主題句；也可以用自己理解的話語來表達整段傳達的訊息重點。學生進行小組討論後，提出各段標題：

- 第一段——安・蘇利文克服她的命運。
- 第二段——命運轉折。
- 第三段——海倫・凱勒的童年學習過程。

- 第四段——海倫・凱勒奉獻的愛心。
- 第五段——海倫・凱勒給全世界的禮物。

我請各組說明下標題的想法。學生說第一段其實說明了兩件事，分別是海倫・凱勒生了重病，以及安・蘇利文改變海倫・凱勒的命運。但若只能用一句話說明，他們選擇後者，因為「安・蘇利文克服她的命運」這句話同時表現了兩個人。這組報告時覺得用「克服」不通順，改成「改變」。

第二組說蘇利文老師帶海倫・凱勒感受大自然，讓她的生命有了奇妙的轉變，所以用「命運轉折」來形容。

第三組還沒開口說話，就有人表示海倫・凱勒完成大學學業，「童年」這個語詞不適用。第三組說他們也發現這個可議之處，於是刪除「童年」二字，改成「海倫・凱勒的學習過程」。

第四組說海倫・凱勒常常鼓勵身心障礙者，所以她奉獻了愛心。

第五組則是說海倫・凱勒終身為人們付出，就是帶給全世界一份珍貴的禮物。

接著，我讓學生串聯各段主題句，並適度潤飾語句，看看是否可以說出全文大意。

「海倫・凱勒生了重病，安・蘇利文出現，改變了她的命運。蘇利文帶海倫・凱勒感受大自然，帶給她命運轉折，海倫・凱勒有了豐富的學習過程。她奉獻了愛心，帶給全世界珍貴的禮物。」

完成這個練習後，學生對各個段落，也對全文有了通徹的理解。

判斷人物個性，表現閱讀理解

課程尾聲，我用「判斷人物個性」做為本課總結。我問學生本課的主要人物是誰？學生知道是海倫・凱勒，因為她貫穿全場，同時課文名稱也點出她就是主角。我再問：「蘇利文老師呢？」學生說她是本課的關鍵人物，因為她對海倫・凱勒產生很大的影響。

一直以來，我總是帶領學生分析文本中人物的類型，到了四年級已漸漸可以看到訓練成果，學生能言之有理。

判斷人物的個性，是根據他說的話、做的事。這一課課文以第三人稱他敘的方式描述海倫．凱勒，沒有用「對話」表現她的想法，但在詞語習寫簿中附有海倫．凱勒的名言佳句。我讓學生仔細咀嚼這些海倫．凱勒說的話語，再結合課文裡敘述的事蹟，為本課主要人物做評論。

「海倫．凱勒是個樂觀積極的人，她雖然重度殘障還是努力學習，克服自己的身體難關。她還說『我只看我自己擁有的，不看我沒有的』，表現了她的樂觀。」

「海倫．凱勒是個知恩圖報的人，她說沒有蘇利文老師就沒有她，所以她回報蘇利文老師對她的愛，時常演講寫作，鼓勵不幸的人。」

「海倫．凱勒是個熱愛學習的人，她說知識就是幸福，有了知識可以區別真理和謬誤，她努力學習，還完成大學學業，令人佩服。」

「海倫．凱勒是個細心又有觀察力的人，她用手觸摸感受種子發芽成長，用手放在別人的嘴唇學說話，她說她要用身心來感受整個世界萬物，一刻也閒不住。」

「海倫．凱勒是個聰明又很有表達能力的人，她說的話很像詩人，例如『我不像那些朝生夕死的小昆蟲，把一生擠到一天之內。』她是盲人，不能說話也聽不到，還能對世界有貢獻，可見得她很聰明，她做的事真的是奇蹟。」

學生能對主要人物的個性下判斷，已經將學習提升到分析評論的層次，同時是綜合能力的呈現。這一課也就在口述作文中告一段落。

語文課應有的內容與面貌

與外校夥伴共同備課時，我問老師們如何進行這一課。

有老師說，上了這一課學生應該學到「信心和勇氣可以戰勝身心限制」，所以她會讓學生思考「如果你是海倫・凱勒，你會如何戰勝身心殘疾？」

有老師說，他會問學生：「如果你是蘇利文老師，你會如何幫助身心殘疾的人？」這位老師認為學生大多好手好腳，不會成為海倫・凱勒；但學生可以扮演像蘇利文老師一樣的角色，幫助需要協助的人。

還有老師會讓學生找資料並上台發表，國內有哪些人像海倫・凱勒一樣，身心殘疾但努力向上？

另外，也有一位老師說她會讓學生角色扮演，將眼睛矇起來，實際體會盲人的不便，並練習寫作。

我覺得老師們的教學都很有想法及創意。但在我分享了我如何進行這一課之後，夥伴們很納悶的問：「為何你想的、做的和我們不一樣？」

我誠懇的說，語文課就該有語文課的內容和面貌，不見得是老師們的教學不到位，而是，語文教學重點在內容深究與形式深究。何謂內容深究？就是這一課在寫什麼。何謂形式深究？就是這一課怎麼寫。學生要知道這一課「寫什麼」、「怎麼寫」，這才是語文教學該聚焦之處。老師們的發想也很好，也是扣合文本所設計的教學活動，但這些都偏屬於情意的部分，應該是在學生知道課文「寫什麼」、「怎麼寫」之後才會進行的教學活動；也就是閱讀理解在前，情意遷移在後。

這也是有些老師容易疏忽之處。若體驗活動或發表閱讀感想凌駕閱讀理解之上，教學會變得活動化，甚至綜藝化，而失去語文課該有的本質。

讓思考看得見
——個人提問，全班共學

我希望改變學生在教室裡參與的方式，從個人提問到影片欣賞，都是用來刺激學生思考的教學設計。讓學生參與學習，讓他知道他的問題、他的意見、他的看法對於全班共同理解及解決問題是有助益的。

到我教室觀課的夥伴及實習生問我：「老師，看你常做小組共同提問，請問用意為何？什麼時候該做小組共同提問，什麼時候可以做個人提問呢？」

什麼時機適合小組共同提問或個人提問，這可以考慮文本的特性，搭配班級氛圍或是教師想要進行的學習訓練，沒有一定的準則，但教師應有專業判斷。

小組討論讓學生互動交流，個人提問能自我沉澱，但也能創造交流形式。兩種提問方式我都會用，交替使用，不管是何種形式的提問，都是為了促進學生的閱讀理解與學生之間的互動共好。四年級〈走進蒙古包〉這一課，我便是進行個人提問。

走進蒙古包

從小，就常聽爺爺提起，他小時候在蒙古生活的點點滴滴，使我非常嚮往「天蒼蒼，野茫茫，風吹草低見牛羊」的大草原，總想親眼看看那充滿傳奇色彩的民族風情。

去年，我終於實現心願。爸爸帶著全家人，來到蒙古第一大城──烏蘭巴托。放眼望去，沿路盡是草原風情，綠色草原上妝點著五顏六色的野花。三五成群的牛羊，有的在草地上吃草，有的在河邊飲水，景色十分迷人。

不久，眼前出現一座座白色的蒙古包，和平常在都市看到的樓房很不一樣，感覺很新鮮。蒙古包門上的花紋，是用幾何圖形組成的，看起來十分大方又有藝術風格。蒙古包裡的柱子，還彩繪著漂亮的盤龍圖案呢！

正當我好奇的東張西望時，好客的蒙古人已經把食物準備好了。我聞到濃濃的奶茶香，看到切得薄薄的羊肉片，再望著一大盆香噴噴的烤羊肉，我的肚子早已餓了。接著大家一起享用蒙古美食，歡笑聲此起彼落，我感覺自己被他們真誠的熱情包圍住了。

飯後，我們參加當地的晚會，熊熊的火光染紅了一張張快樂的臉蛋。這時，有人拉起馬頭琴，琴聲像在訴說那久遠的故事。緊接著，一群年輕的男女跳起舞來，舞蹈由緩而急，節拍愈來愈快，最後突然停住，精采的畫面停在那一瞬間，全場響起如雷的掌聲。

幾天的旅行，總令我念念不忘。我永遠記得那一望無際的綠色大草原，記得那白雲似的羊群，記得當地人們騎馬的英姿，更記得在靜靜的夜空下，一座座充滿民族色彩的蒙古包。

教材來源：康軒版國語四上第九課

這一課是記敘文類型的遊記，寫事為主，讀來輕鬆有趣。雖然「天蒼蒼，野茫茫，風吹草低見牛羊」這段詩句大家琅琅上口，但蒙古十分遙遠，草原與成群牛羊終究只是想像。我沒有去過蒙古，學生也未曾親臨，我希望對紙上蒙古形塑更具體的畫面，我持續以學生提問為教學設計，引發更多關於「蒙古」這個主題的探究，讓學習面貌加深加廣。

活用便利貼，創造提問與討論氛圍

學生默讀課文之後，我問是否有不懂之處，並拿出便利貼，請學生將問題寫下，讀到哪裡不懂，就把問題寫下來。便利貼可以重複取下再貼上，十分便利。

學生熟練的以一張便利貼寫一個問題，並加注座號姓名。接著，學生將寫上問題的便利貼，貼在白板上。

我以Circle Map（如下圖）為圖像，中間寫下課文名稱，提問單貼在四周，呈現整合聚焦的概念。學生上前看看全班提問的問題，教室前就有自然而然的交談討論氛圍：

「欸！你的問題和我一樣耶！」

「咦？為什麼你這樣想？和我不一樣。」

「喔！原來一樣的段落，我是這樣想，別人卻有不同想法！」

「哇！這個問題太酷了！」

「請問你是怎麼想到這個問題的？」

學生若只有個人想法會像井底之蛙，儘管是個人提問，老師也要創造學生間的討論對話，帶動思考的刺激。以Circle Map聚焦所有人的問題，我可以看見別人的思考，別人

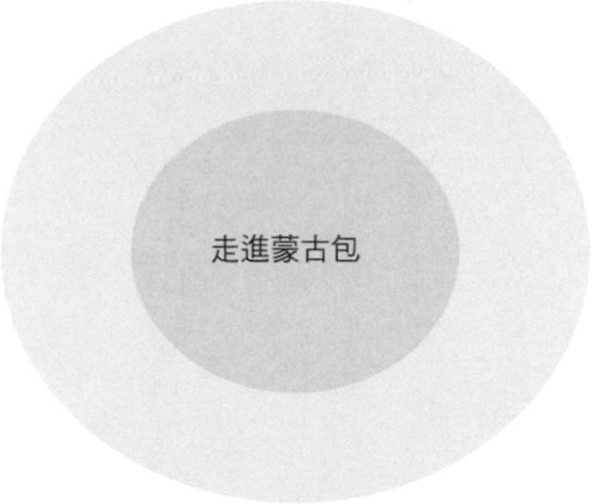

活用Circle Map與便利貼，
整合聚焦，帶動思考

也可以看見我的想法，所以，思考看得見。

學生將所有問題貼上來，各式問題琳琅滿目、五花八門，會有重複的問題，也會有不知所云的問題，百家爭鳴。

接著，我們要將問題分門別類。若要完全讓學生自己分類，可能有困難且耗費時間，教師要有清晰的想法。

我在白板上畫出六個框格，分別寫上「詞義」、「樂器」、「飲食」、「地理環境」、「生活方式」與「其他」。請學生將便利貼取回，看看自己提出的問題是屬於哪一類，再貼到白板上對應的框格中。

我每每打趣說，「其他」這一類最重要，可以省去不少麻煩，因為學生永遠有千奇百怪的疑問和狀況，諸如：

「老師，我不知道我的問題是屬於生活方式還是飲食？」

「老師，我不知道我的問題算哪一類？」

「老師，我的問題有問到詞義又問到樂器，應該要放哪裡？」

「老師，我的問題在問騎馬，可以放在交通那一類嗎？可是沒有這一類……」

只要學生難以判斷無法抉擇，我都說先放在「其他」，再待後續處理。不然，光是問題分類就會耗費不少時間。

協助學生修正問題

將問題做基礎分類之後，這樣還不算整理好，還沒有辦法進行討論，需要更細緻的彙整。教師可以請幾個伶俐靈巧的學生幫忙檢視，問題相同或相似的收整成一份，把便利貼相疊。問得具體、表達最清楚的問題放最上面，但底下也有其他人的同類問題，沒有人的問題會消失不見。

鼓勵學生提問，當然要鼓勵他們問好問題，但學生不一定精準的問出好問題。為了不使學生感到挫折，敘述不夠具體、表達不能讓人明白、語意不清，或是斷章取義直接複製課文句子卻不知所云的，我們稱之為「待修正的問題」，避免稱為「不好的問題」或「壞問題」，這類的負面評價恐怕會讓學生受傷，以後就不再提問了。

初步整理後，我將待修正的問題便利貼取下，請發問者修正。若提問者不知道該如何表達清楚，就需要老師與之討論或協助釐清。

例如學生問：「為什麼要叫蒙古包？」我說：「你是要問蒙古包這個名稱怎麼來的，是嗎？」學生會從搔頭變成點頭，於是問題就可修正為「蒙古包的名稱是怎麼來的？」

又如「蒙古有沒有手槍？」這也是個需要修正的問題。提問的孩子平時很跳Tone無厘頭，我以為他是調皮搗蛋，把自己想成西部牛仔，才問出這個看似風馬牛不相及的問題，但調皮和無辜會有不同表情。當我問他想表達什麼時，他臉上出現的是不知所措的表情，我想他需要協助，我說：「你是不是要問，蒙古人打獵會用到槍嗎？」這下他豁然開朗說「對啦！」於是喜孜孜的回去修正問題。以下的問題經過修正後，也都更具體清楚了。

- 「馬頭琴為什麼叫馬頭琴？」

修正後　馬頭琴這個樂器名稱是怎麼來的？

- 「蒙古草原比陸地多嗎？」

修正後　蒙古的地形，草原面積占大部分嗎？

- 「蒙古的舞蹈？」

修正後 蒙古的舞蹈有什麼樣的特色？

‧「晚會跳的舞叫什麼？」

修正後 晚會跳的舞有特別的名稱嗎？

問題彙整及修正（我整理於下頁列表中）後，這時白板上才是整理好的局面。學生的問題一樣很多、很精采。

理解詞義，不急著查字典

看過大家的問題之後，在討論之前，我們以地球儀、大幅世界地圖掛圖及兩本地圖集先認識了蒙古的地理位置。蒙古在俄羅斯與中國大陸交界的位置，面積大、緯度高。

至於如何解答這些問題，可以分成三部分。

首先是「語詞」的部分，我一向主張也訓練學生，不懂的詞義應該練習從上下文推斷，可以不用先查字典。不是查字典不好，是查不完，也有可能字典不總是在身邊，如果能練習從上下文推斷詞義，這也是自學力的訓練。

彙整並修正過的問題列表：關於〈走進蒙古包〉

生活方式	1 「蒙古包」的名稱是怎麼來的？ 2 我很好奇蒙古包不是房子，怎會有柱子？ 3 蒙古包的形狀是什麼樣子？ 4 為什麼蒙古包是白色的？ 5 我還想知道蒙古包內部更多的事情。 6 蒙古包有中國風嗎？ 7 他們只養牛羊嗎？ 8 為什麼蒙古是遊牧民族？ 9 為什麼一座座蒙古包會充滿民族色彩？ 10 蒙古的晚會多久舉行一次？
飲食	1 蒙古人都吃肉嗎？ 2 蒙古人的主食是什麼？ 3 蒙古的美食除了羊肉片和烤羊肉之外，還有什麼？
樂器	1 馬頭琴這個樂器名稱是怎麼來的？ 2 馬頭琴的音色聽起來是怎樣？ 3 馬頭琴的琴聲怎麼訴說久遠的故事？ 4 馬頭琴的聲音好聽嗎？ 5 馬頭琴是蒙古的文化嗎？
地理環境	1 蒙古的地形，草原面積占大部分嗎？ 2 「烏蘭巴托」是蒙古的首都嗎？ 3 蒙古的第一大城「烏蘭巴托」有多大？ 4 「烏蘭巴托」位於蒙古的哪個位置？ 5 蒙古的地形長什麼樣子？ 6 「烏蘭巴托」有很多人嗎？ 7 蒙古會很冷嗎？ 8 蒙古的第一大城叫「烏蘭巴托」，有什麼特別的意義嗎？ 9 蒙古的空氣好嗎？

詞義	1 「盤龍」是什麼？ 2 盤龍的圖案是什麼樣子？ 3 什麼是幾何圖形？ 4 「英姿」是什麼意思？ 5 「野茫茫」是什麼意思？ 6 「嚮往」是什麼意思？
其他	1 蒙古的舞蹈有什麼樣的特色？ 2 蒙古人打獵會用到槍嗎？ 3 晚會跳的舞有特別的名稱嗎？ 4 晚會除了吃羊肉，表演舞蹈和馬頭琴，還會有什麼活動？ 5 蒙古人很高嗎？ 6 為什麼蒙古包看起來大方又有氣質？ 7 蒙古包和一般的房子有何不同？ 8 為什麼晚會跳舞的是一群年輕的男女，而不是老年人？ 9 為什麼才幾天的旅行，作者竟然會念念不忘？ 10 我想知道烏蘭巴托的風景，蒙古人很熱情嗎？他們穿什麼樣的服裝？ 11 晚會上的人們是烏蘭巴托的人嗎？ 12 為什麼作者嚮往「天蒼蒼，野茫茫，風吹草低見牛羊」的景象？ 13 為什麼白色的蒙古包令作者覺得很新鮮？ 14 課文中說到「爺爺小時候在蒙古生活的點點滴滴」，那麼，他的爺爺是蒙古的當地人嗎？ 15 為什麼「精采的畫面停在那一瞬間，全場響起如雷的掌聲？」 16 為什麼作者說自己被熱情包圍住？ 17 為什麼熊熊的火光會染紅了一張張快樂的臉蛋？

例如有學生不懂「英姿」這個語詞，我請學生找出這個語詞出現在第幾段，並且讀出句子來。學生讀出：「我永遠記得那一望無際的綠色大草原，記得那白雲似的羊群，記得當地人們騎馬的英姿，更記得在靜靜的夜空下，一座座充滿民族色彩的蒙古包。」

老師——英姿是形容什麼？

學生——騎馬的樣子。

老師——說清楚，誰騎馬的樣子？

學生——當地人們。

老師——當地人們騎馬騎得好嗎？

學生——好。

老師——和觀光客騎馬一樣嗎？

學生——不一樣。

老師——那麼，你怎麼解釋這個語詞？

學生——老師，是不是英勇的、好看的姿勢？

老師──套用進去句子看看。（我鼓勵學生。）

學生──我永遠記得那一望無際的綠色大草原，記得那白雲似的羊群，記得當地人們騎馬的英勇姿勢……

老師──通順嗎？

學生──通順。

這時再請學生查閱字典，上頭寫著「英姿：英俊威武的風姿。」這就和學生推論的「英勇的、好看的姿勢」相去不遠。

又例如「盤龍是什麼？」「盤龍的圖案是什麼樣子？」這兩個問題也是不懂「盤龍」這個語詞的意思。我一樣請學生找出這個語詞出現在第幾段，並且讀出句子來。學生讀出：「蒙古包裡的柱子，還彩繪著漂亮的盤龍圖案呢！」

老師──盤龍指的是什麼？

學生──是圖案。

老師——這個盤龍圖案出現在哪裡？

學生——柱子，蒙古包裡的柱子。

老師——柱子有什麼特性？（學生一下子呆住，我指著教室的柱子）**看看柱子啊！**

學生——高的、粗粗壯壯的。

老師——所以盤龍圖案是畫在高的、粗壯的柱子上。

盤龍，你抓什麼關鍵字？如何解釋？

學生——盤，盤旋，盤旋而上；龍，就是龍，中國人喜歡的龍。

老師——來，把你的推論套進去看看。（我鼓勵學生。）

學生——老師，我懂了。就是蒙古人會在蒙古包的柱子上畫盤旋而上的龍做裝飾。

這樣學生就知道了，句子之間彼此有關聯，能夠掌握語詞的關鍵字，進而可以推敲出語詞的意思。再者，明白語詞的意思，對課文的理解更加分。

例如，理解了「盤龍」的意思，對於「蒙古包有中國風嗎？」這個問題，就可以推論蒙古包是有中國風的，因為龍就是中國最具代表性的吉祥動物。

持續精熟，先在課文中找線索

在文本中找線索解答問題，這是基礎訓練，千舉萬變，其道一也。我問：「有哪些問題可以在課文中找線索來解答？」學生回到課本閱讀，我請他們多讀幾次課文並思索問題。

當我邀請學生發表的時候，他們不只是說答案，還要分享自己是怎麼發現線索、怎麼想的，讓其他人可以學習彼此的思考模式。

「為什麼晚會跳舞的是一群年輕的男女，而不是老年人？」學生說這個問題的答案很明顯，在第五段。課文裡說：「緊接著，一群年輕的男女跳起舞來，舞蹈由緩而急，節拍愈來愈快，最後突然停住……。」舞蹈由緩而急，節拍愈來愈快，老人家會跟不上，所以跳舞的人以年輕男女為主。在一陣爆笑中，提問的人說「原來如此」。

「為什麼才幾天的旅行，作者竟然會念念不忘？」學生說這個問題的線索出現在最後一段，最後一段是總結，所以這題要用全篇課文做綜合判斷，要看段落之間的關聯性。

聽到學生這樣說，我簡直要喜極而泣了。一直以來，我持續示範並帶領學生不斷演練有系統的思考模式，久而久之，學生已經轉化成自己的學習方式了。

學生說：「在第一段作者提到他很想親眼看看傳奇色彩的民族風情。後面幾段寫他看到了草原風光，十分迷人；蒙古包很新鮮、和平常看到的樓房不一樣；享用蒙古美食時，作者感覺被當地人的熱情包圍了；參加晚會也很快樂，所以他念念不忘。」這個回答精采！從段落間的關聯再到全文的融會貫通，條理分明。

而大多數的問題雖來自課文，卻無法從課文中輕易找到解答的線索。該如何解決這些問題呢？蒙古天高地遠，學生對其概念模糊，因此，我想要以非書閱讀的影片觀賞方式，讓學生眼見為憑。若教師沒有先做功課，網路上找到的可能都是旅遊影片，我選擇公視製作的《下課花路米》，有關蒙古一系列影片的第二集「蒙古包的一天」，讓全班共同欣賞並為學生解惑。

播放影片前，我同樣提醒學生注意「答案是否就在影片中」，也請學生把看到的重點隨時筆記下來。

影片中看到蒙古幅員遼闊，面積是台灣的四十四倍，人口卻不到三百萬人。首都烏蘭巴托是一個熱鬧的大城市，有高樓大廈，人們的穿著打扮和我們一樣，牛仔褲和休閒服等。離開烏蘭巴托之後，幾乎就進入遊牧民族生活的區域。遊牧區有一望無際的草原，牧民騎馬自在穿梭，但也有現代的吉普車做為交通工具。

牧民很好客，在牧民的家裡，他們已經準備好食物迎接客人，有麵包、奶油和鹹奶茶。年紀較大的牧民穿著傳統服飾，年輕人則是現代服裝。

蒙古包的外形看起來很小，但裡面的使用面積很大，而且室內的空氣很流通，採光很好，可說是冬暖夏涼，又不怕風吹雨打。這裡用的是太陽能發電，沒有一般城市便利的電力。蒙古包裡沒有廁所，廁所在外面，只用木板簡單的圍起來。

彈性的解答問題的方式

十多分鐘的影集，多數時候學生聚精會神觀賞，偶爾振筆疾書寫下重點。影片欣賞之後就是問題解答了。

解答問題有各式各樣的處理方式，可以讓孩子們把自己的便利貼取回，將答案以不同顏色的筆寫下來，再貼回到白板上，大家就可以再一次透過閱讀，看到提問者如何自行解答問題。也可以開放讓學生來認領問題，看看他們對哪些問題有興趣，想要討論或嘗試解答。此外，也可以讓小組認領不同類別的問題，討論後進行發表。

這一次，我讓學生取回自己的便利貼，回到小組裡輪流討論各自的問題。自己說，夥伴也說，可以彼此協助取得更完整的訊息。最後，提問者將他統整出的解答寫在便利貼上，貼回白板，然後，全班上前自由閱讀。

此外觀賞的影片中沒有提到馬頭琴，因此，馬頭琴的問題未能解答，我們便上網觀看一段馬頭琴演奏。演奏者穿著蒙古傳統服飾，左手撥弦，右手執弓，悠悠緩緩的琴音流洩。琴的頂部正是馬頭造型。

學生說這和平常聽的音樂不一樣，樂音聽起來低沉緩慢，感覺像在訴說故事，但很難猜測是什麼故事。學生老實的說聽不習慣，很難形容它好聽，但是從課文知道這是蒙古的文化特色，感受一下也不錯，也要試著尊重不同的文化。

學生也找到《未來兒童》的黑白漫畫〈新東方民間故事〉，有一篇就是介紹馬頭琴。傳說從前有一個牧民懷念死去的小馬，所以用小馬的腿骨當柱子，頭骨為琴筒，再用馬尾巴的毛做弓弦，製作成二弦琴，因為在琴的頂部雕刻了一個馬頭，所以稱為馬頭琴。

自主學習，不用急於解決所有問題

在影片欣賞之後，還有一些問題尚未解答，因此，家庭作業我讓學生回家查閱書籍或上網搜尋這兩項資料：「蒙古包」名稱由來為何？以及對「烏蘭巴托」的基本認識。

隔天，學生報告蒙古包是對蒙古遊牧民族所住房子的稱呼，這個語詞最早出現在清代。「包」，就是家或屋的意思，也稱為穹廬、氈帳或氈包等。

蒙古人逐水草而居，蒙古包方便拆除也方便搭建，蒙古包周圍是用一種特別的柳樹做支架，外面用牛皮或是厚氈毯包著。

至於烏蘭巴托是蒙古語，意思是「紅色英雄」。烏蘭巴托位於蒙古高原中部，人口大約一百三十萬，是蒙古最大的城市和政治交通中心。

當多數問題得到解答之後，仍然還有一些問題沒有解決，例如：

- 蒙古的晚會多久舉行一次？
- 晚會除了吃羊肉、表演舞蹈和馬頭琴，還會有什麼活動？
- 晚會跳的舞有特別的名稱嗎？

- 蒙古人很高嗎？
- 晚會上的人們是烏蘭巴托的人嗎？

這些沒有解答的問題怎麼辦？沒關係，問題可能一時之間得不到解答，而自主學習也不一定要解決所有的問題。

我稱這些問題「未完待續」，並請學生留意日後是否能找到解答。學生會繼續帶著疑問，成為主動的學習者，也許哪一天他在某本書、某個場合、某個情境讀到相關文章，就能解決彼時所未能解答的問題了。

配合課文，我讓學生讀〈敕勒歌〉，這是一首北朝樂府。學生即將升上高年級，需要多閱讀其他文體形式。我把這首詩歌印成小紙張，貼在聯絡簿一角：

敕勒川，陰山下。
天似穹廬，籠蓋四野。
天蒼蒼，野茫茫，

風吹草低見牛羊。

讀完本課再讀〈敕勒歌〉更有感受，學生能夠理解也能背誦。

課文找重點句，檢視閱讀理解

此外，我也要求學生能各自在課文各段中找出重點句（如下頁藍色字），檢視他們是否真的讀懂課文。

找出重點句也需要訓練，一般在文章中會有規則可循，重點句可能是在段落的第一句或最後一句。若在第一句就是「起」，以破題方式點出主題；若在最後一句就是「合」，是全段的歸納。

若不是在第一句，也不是在最後一句，那麼就要能夠找到段落中重要的關鍵字，再串聯這些關鍵字，變成通順完整的句子。

最重要的檢索關鍵，是主題句要能夠與課文名稱相關聯，才能呼應主題。

從小，就常聽爺爺提起，他小時候在蒙古生活的點點滴滴，使我非常嚮往「天蒼蒼，野茫茫，風吹草低見牛羊」的大草原，總想親眼看看那充滿傳奇色彩的民族風情。

去年，我終於實現心願，爸爸帶著全家人，來到蒙古第一大城——烏蘭巴托。放眼望去，沿路盡是草原風情，綠色草原上妝點著五顏六色的野花。三五成群的牛羊，有的在草地上吃草，有的在河邊飲水，景色十分迷人。

不久，眼前出現一座座白色的蒙古包，和平常在都市看到的樓房很不一樣，感覺很新鮮。蒙古包門上的花紋，是用幾何圖形組成的，看起來十分大方又有藝術風格。蒙古包裡的柱子，還彩繪著漂亮的盤龍圖案呢！

正當我好奇的東張西望時，好客的蒙古人已經把食物準備好了。我聞到濃濃的奶茶香，看到切得薄薄的羊肉片，再望著一大盆香噴噴的烤羊肉，我的肚子早已餓了。接著大家一起享用蒙古美食，歡笑聲此起彼落，我感覺自己被他們真誠的熱情包圍住了。

飯後，我們參加當地的晚會，熊熊的火光染紅了一張張快樂的臉蛋。這時，有人拉起馬頭琴，琴聲像在訴說那久遠的故事。緊接著，一群年輕的男女跳起舞來，舞蹈由緩而急，節拍愈來愈快，最後突然停住，精采的畫面停在那一瞬間，全場響起如雷的掌聲。

幾天的旅行，總令我念念不忘。我永遠記得那一望無際的綠色大草原，記得那白雲似的羊群，記得當地人們騎馬的英姿，更記得在靜靜的夜空下，一座座充滿民族色彩的蒙古包。

當學生畫出重點句，我們討論確認，並請學生將重點句串聯成通順完整的全文大意：

「我想親眼看看那充滿傳奇色彩的民族風情，草原風情有綠色草原妝點野花，還有成群的牛羊；白色的蒙古包很新鮮，門上有幾何圖形，柱子上有盤龍圖案。我享用到的蒙古美食有烤羊肉、羊肉片和奶茶。我參加了晚會，有人拉起馬頭琴，還有年輕男女跳舞。幾天的旅行，看到那大草原、羊群、當地人騎馬以及蒙古包，都令我念念不忘。」

這段描述能涵蓋整篇課文的主題，顯見學生能貫穿全文。

我問學生，從畫出的重點句並依各段之間的關聯來看，這一課記敘文的寫作是什麼結構？學生說是「起—承—合」。

第一段是「起」，作者想親眼看看蒙古的民族風情。

第二段到第五段是「承」，承接前一段提到的蒙古的民族風情，描寫草原風情、蒙古包、蒙古美食、晚會。

最後一段是「合」，作者念念不忘在蒙古旅行的所見所聞。

「起承轉合」這個口訣學生琅琅上口，但要能放到文本去檢視和驗證。這一課並沒有「轉」，所以是「起—承—合」。

課程最後，我照例會為學生推薦閱讀書籍。配合課文蒙古主題，我推薦《穿越故宮大冒險1：翠玉白菜上的蒙古女孩》，這是附插圖的少年小說，以故宮國寶穿越歷史，奇幻冒險的情節很能對到學生的閱讀胃口。

到了第二學期，我又推薦第二集《穿越故宮大冒險2：肉形石的召喚》，書中主角來到了蒙古並趕上蒙古節慶「那達慕」。

老師推薦書籍會讓學生持續關注這個出版社、這個作者或這個主題的閱讀，無形中以一個閱讀帶動另一個閱讀。

教師如何能搭配課文推薦書籍，首要條件是老師自己本身要大量閱讀，才能旁徵博引，適時提供書訊；學生也會有所期待，等著老師的「新菜單」登場。

我希望改變學生在教室裡參與的方式，從個人提問到影片欣賞，都是用來刺激學生思考的教學設計。老師要刺激學生不斷反思「我的想法和同學一樣嗎？」「哪裡不同？」學習要有思考與投入，讓學生參與學習，讓他知道他的問題、他的意見、他的看法對於全班共同理解及解決問題是有助益的，因此，學習就真實產生了。

5

從課文開出一條寫作的路
——提問→理解→讀寫整合Ⅰ

從課文開出一條寫作的道路，那是再自然不過，再順便不過，再有利不過。只讀不寫，學生無法充分駕馭文字；只寫不讀，文筆恐怕空洞貧乏，所以，讀寫之間，儲存提取相輔相成。

許多老師對於寫作教學感到困擾，不知從何著手，一方面學生寫作的意願不高，二方面缺乏系統化的寫作教材。不論是利用坊間現成的寫作本或練習單，或是搭配國語習作的寫作指導，又或是命題寫作，寫作教學現場常是哀鴻遍野。

寫作是表達力、是自學力也是競爭力，寫作的重要性不言而喻。啟發學生讀寫興趣，提升學生讀寫能力，是教師必備的專業素養。那麼，教師該如何發展有效的寫作教學呢？

我認為，從課文出發是一條順理成章的道路，因為課文是教學現場首先面對的文本，而在語文課堂上，老師們對於課文的內容深究與形式深究也用心用力的著墨，如果能夠從課文開出一條寫作的道路，那是再自然不過，再順便不過，再有利不過。也正因為只讀不寫，學生無法充分駕馭文字；只寫不讀，文筆恐怕空洞貧乏，所以，讀寫之間，儲存提取相輔相成。

從課文開發寫作，寫作可以是各式各樣的形式，但目標還是先讓學生產生興趣，進而表現出理解後的言之有理、言之有物。

四上的〈完璧歸趙〉是將知名歷史故事改編成劇本形式的課文，劇本形式包含了地點、人物、對白，主要是透過人物間的對話呈現內容、串成故事情節，因此篇幅比較長。

劇本形式的課文，老師多會以戲劇演出的方式引發學習興趣。我問班上學生想要演戲嗎？大夥兒興趣缺缺，我也不勉強。同時，我聽到他班學生話題關注在道具準備，有人用黑色垃圾袋和瓦楞紙做出士兵制服，令人讚嘆，沒多久又有人做出更炫更酷的戲服，大家在道具製作上競技。

但我關注的是，課文雖有六頁之多，但內容簡易，背景說明也簡略，學生恐無法對史實建立完整概念。教學設計上我仍以文本提問為基礎，讓學生對這個歷史事件有更全面的認識，同時配合班書閱讀做延伸寫作。

持續提問，熟能生巧

課程以課文默讀及小組討論提問開始，課文有六頁，我們以一組一頁的分量，切分每個小組負責提問的範圍。

持續以提問做為課程開始，是因為教學策略不該時時更替，學生需要精熟操作以發展為自我學習的機制，但教學策略需要時時檢視修正及增減。

例如，過往我在行間巡視，聽到學生說因為小組討論時間有限，有時他所提出的問題來不及寫下就必須將小組提問單交出，他覺得好可惜，很希望自己的問題能被看見及討論。我聽到了也思考著，的確會有這樣的限制及疏漏，我知道這是可以修正的。

學生默讀課文也需要有策略，我指導學生課文要讀三次，這三次有所區別，每一次都帶有不同任務及拉高層次。

第一次略讀，也就是讀情節，著重在「事」。學生想要知道文章中提到的事件進行得如何，對情節好奇，會想快速看完，所以第一次略讀，可以滿足好奇心。

第二次精讀，也就是看細節，著重在「人時地物」。學生對於文章中關於時間、地點等背景環境描述，人物表情動作對話、景物事物的特徵描寫等要細細品味。第二次的精讀可以建立對文章完整清晰的概念。

第三次提問，也就是自己對課文問問題。對於課文不理解之處、疑惑之處要提出問題。先有自我提問，之後在小組討論也才能更有效率、更快進入狀況。

課程開始，個人閱讀完課文之後，便進行小組討論。小組討論已可看出學生的井然有序，一側身或一轉頭就可以討論，人人參與，無須猜拳或輪流；要書寫時，各自找位置，或協調順序及提供協助，合作氣氛十分和諧。我則是行間巡視，在各組中遊走，聽聽學生們討論是否流暢聚焦，是否有須協助之處，師生各司其職。

小組討論後，各組將寫了問題的海報貼出（我整理於下頁列表）。

我們一起看過各組的問題之後，我問：「是否有人因為時間關係，來不及寫下你提出

小組討論後，寫下的問題列表

第一組	1 戰國時代，為什麼秦強趙弱？ 2 什麼是和氏璧？ 3 介紹藺相如給趙王的大臣是誰？ 4 為什麼趙王面對秦王想強取和氏璧的請求，他不知如何是好？ 5 趙王是誰？ 6 什麼是良臣？
第二組	1 為什麼秦王說平身時態度很自大？ 2 為什麼秦王捧住和氏璧時，藺相如要在一旁觀看？ 3 為什麼秦王想得到和氏璧？ 4 為什麼秦王拿到和氏璧卻隻字不提十五座城池的事？
第三組	1 為什麼秦王沒看出來和氏璧有破損？ 2 為什麼秦王並不想拿十五座城池來交換和氏璧？ 3 秦王如果強人所難，為什麼藺相如就要把他的腦袋和和氏璧一起撞碎在柱子上？
第四組	1 為什麼藺相如知道秦王的計謀？ 2 所謂的交換典禮是怎樣的典禮？ 3 秦王真心用十五座城池來交換和氏璧嗎？ 4 藺相如說「我不能中秦王的計！」所謂的「計」指的是什麼？ 5 十五座城池值得換和氏璧嗎？ 6 為什麼秦王不直接把藺相如殺了？ • 備注：秦王〈秦昭襄王〉，趙王〈趙惠文王〉
第五組	1 藺相如為什麼要先叫手下把和氏璧送回到趙國？ 2 為什麼藺相如要選在五天後舉行交換典禮？ 3 為什麼要舉行交換典禮？

第六組	1 什麼是「皮笑肉不笑」？ 2 十五座城池分別是哪些？ 3 為什麼秦王殺了藺相如，就會讓全天下都知道秦國不守信用？ 4 為什麼秦王不追究和氏璧了？
個人補充提問	1 和氏璧產於哪裡？ 2 和氏璧最後在哪裡？ 3 秦王說「這件事以後再說」，這件事後來的發展如何？ 4 我想知道戰國時期各國之間發生的事。

的問題，但你覺得自己的問題很重要、很想被討論？」

有少數人舉手，我邀請他們說出問題，並在海報上也寫下這些提問（即上表中的「個人補充提問」）。

從問題可以看出，學生的提問已有深度及廣度，課文抽象描寫，但學生想要知道具體內容；對於兩位主要人物藺相如與秦王，還有關鍵的和氏璧，學生也想知道更多。

特別的是第四組有個孩子讀過相關故事，她知道並寫下備注「秦王是秦昭襄王，趙王是趙惠文王」，這項資訊幫助很大，說明了秦王與趙王是誰，否則真有學生誤以為秦王是秦始皇，那真的是天差皇帝遠。

以閱讀解惑：比較文本異同

針對學生有這麼多的疑問，我想用閱讀讓學生自己找答案。我選用《快樂讀經典2：戰國故事》的兩篇故事〈完璧歸趙〉和〈負荊請罪〉，還有《歷史Fun輕鬆：丞相大人的成績單》中〈藺相如〉這篇「自我介紹」，做為補充閱讀資料。

我將三份閱讀資料放大影印，張貼在教室白板兩側，各有兩份，請學生利用時間來看。而閱讀也帶有任務，也就是要比較文本的異同，亦即這三篇補充資料和課文有何相同或不同之處。學生帶著任務閱讀會更專注、更有解惑的效果。

這一天，教室前頭時時有人在閱讀，或自己讀，或和好朋友一起讀，有輕聲交談，也有高聲討論。隔天，教室裡的討論就以比較文本的異同做為開始。

背景部分

學生表示，補充資料將「完璧歸趙」這件事情說明得更清楚。他們知道了推薦藺相如給趙王的人是繆賢。

趙國和燕國很好的時候，秦國一直侵犯趙國，但都被趙國的廉頗打退，因此，秦昭襄王心有不甘，他要另想辦法對付趙國的趙惠文王。

這個歷史事件發生的時間是在西元前二八三年，距今兩千三百年。

秦昭襄王知道趙惠文王有塊和氏璧，他一直想占為己有。

第一幕部分

學生說，課本和補充資料相同之處是，都寫出秦昭襄王看到和氏璧時得意不已，還讓大臣傳看的情形。也寫出藺相如冷靜與機智的一面。

不同之處是，補充資料描寫了更多藺相如出使秦國與秦王「正面對決」的細節。

例如，藺相如義正詞嚴的對秦王說話，藺相如個性很剛毅。藺相如要出使秦國時，趙王齋戒五天，秦王拿到和氏璧卻隨便傳給左右臣子看，可見秦王沒有誠意。趙王與秦王的態度成為對比。

秦王道歉後，藺相如說璧玉要送到秦國時，趙王特地齋戒，又舉辦送璧玉儀式，秦國應該要比照辦理。

第二幕部分

補充資料提供更多故事細節，是課文所沒有的。

秦王舉行盛大的接受和氏璧典禮，向各國誇耀。這表現出秦王為人浮誇自大。

藺相如對秦王說，秦國前後二十幾位君主沒有一位講信用，欺騙晉國、魏國、楚國，前科很多，藺相如也怕受到欺騙，才將和氏璧祕密送回國。顯現藺相如的機智和判斷力。

澠池之會

補充資料中提到了澠池之會，學生說閱讀這一篇對了解藺相如很有幫助。

和氏璧事件之後的第四年，秦昭襄王請趙惠文王到澠池相會，藺相如跟著趙惠文王一起去，還帶了五千名精銳士兵及大隊人馬前往。秦王讓趙王彈瑟，命令史官記錄下來，說趙王為秦王彈奏樂器，讓趙國顏面盡失。藺相如拿著瓦盆跪著求秦王也敲首曲子，如果秦王不這麼做，藺相如就要血濺秦王，意思是犧牲小我。秦王只好勉為其難敲一下，藺相如也命令趙國的史官記錄下來，說秦王為趙王敲瓦罐，這叫以牙還牙。

這個故事可以看出秦王一直想找趙王麻煩，多虧藺相如以機智回擊。

負荊請罪

學生還讀到「負荊請罪」。趙惠文王因澠池之會的事件拜藺相如為上卿，廉頗很不服氣，覺得自己身為將軍，帶兵作戰有功，卻比不上藺相如。他到處放話，如果遇到藺相如一定要羞辱他。

藺相如裝病不上朝，又讓車隊躲在小巷子裡，就是避免跟廉頗見面。旁人為藺相如打抱不平，藺相如卻說自己必須與廉頗同心，才能避免秦國趁機侵犯。趙惠文王請人調解，廉頗知道後很羞愧，於是背負著荊條去向藺相如請罪，兩人重新和好。

編寫補充教材

有學生讀過和氏璧的故事，我請他說給全班聽。

相傳璧玉是卞和發現的，玉在沒有雕琢以前，外表和石頭很像，卞和把這塊石頭獻給楚王，前後兩位楚王都認為那只是一塊石頭，砍掉卞和的雙腳。後來，卞和抱著石頭在楚山下痛哭，楚文王問明原因後派人把石頭帶回去雕琢，果然是塊美麗的寶玉，所以將這塊玉取名為和氏璧。

這個分享也讓全班對文中重要的「物」——和氏璧有了進一步認識。

根據學生的提問，我知道了學生困惑之處，於是，我編寫了一份閱讀資料，讓全班共同閱讀。

補充閱讀——完璧如何歸趙？

葉惠貞

周朝分為西周和東周，春秋戰國時期（西元前七七〇年—西元前二二一年）又稱為東周時期。

西周時期，天子維持住天下共主的威權。東周開始，周朝王室開始衰弱，只保有天下共主的名義，而沒有實際的掌控能力。同時，一些被稱為蠻族的民族在中原文化的影響以及民族漸漸融合下變得強大。中原各國也因為社會經濟發展的條件不同，出現了爭奪霸主的局面，各國的兼併與爭霸促成了各個地區的統一。因此，東周時期的社會十分動盪，但也為全國的統一提供了準備條件。

戰國時代，趙國的惠文王得到一塊價值連城的和氏璧。璧是一種中間有孔的圓玉，相傳這塊璧玉是一個叫卞和的人在楚山發現的。玉在沒有雕琢以前，外表和石頭沒有兩樣，當他把這塊石頭獻給楚國君主楚厲王時，楚國王室說這只是一塊石頭，認為卞和欺騙了君王，楚厲王以為他是瘋子，叫人砍掉他的左腳。楚厲王死後，厲王的兒子楚武王即位，卞和又將石頭獻給武王，武王也當他神智不清，又砍斷他的右腳，卞和帶著玉石回到楚山慟哭了三日三夜。武王的兒子文王繼位後，見到卞和抱著石頭在荊山下痛哭，問明原因後便派人將石頭帶回去雕琢，果真是一塊晶瑩美麗的寶玉，於是將這塊玉取名為和氏璧。後來，這塊和氏璧輾轉到了趙惠文王手上。

秦昭襄王在得知和氏璧歸屬趙惠文王後，在西元前二八三年向趙國派遣使者，表明希望以十五座城池來換取和氏璧，這便是成語「價值連城」的由來。

趙王左右為難，不送上和氏璧的話，恐怕強大的秦兵會來侵略，送上璧玉又擔心秦王不守信。大官繆賢便建議趙王，請智勇雙全的藺相如一起商討對策。

藺相如對趙王說：「臣願意保護璧玉出使秦國，假如秦國守信的將十五個城池割給我們，我就將璧玉呈給秦王；倘若秦不割地，臣一定『完璧歸趙』。」

藺相如到了秦國，一眼就看出秦王沒有割城的誠意，便挺身走到秦王面前說：「這塊璧玉雖是稀世珍寶，上面卻有點小毛病，我指給大王看。」秦王信以為真，焦急的將璧玉拿給藺相如。藺相如拿了璧玉，走到柱子旁，舉起璧玉，憤怒的說道：「大王根本不想割城給我們，如果您一定要逼我交出寶玉，讓我空手回趙國，我將不惜犧牲自己的頭顱，連同和氏璧一起撞碎在這根柱子上。」

秦王恐怕藺相如真的把璧玉撞碎，立即改變態度，拿出地圖，指出十五個城的位置給他看。藺相如從秦王狡猾的眼神中知道他仍沒有割城的意思，便要求秦王齋戒五日，到時他再將璧玉呈上，秦王不得已只好答應。

藺相如暗地裡將璧玉交給隨從，讓他從小徑趕回趙國交還給趙王。五天後，秦王與高采烈的準備接受和氏璧，哪裡料到藺相如義正辭嚴的說：「我早就派人將璧玉送回趙國，大王若真有誠意，請先割城再派使臣到趙國，趙王自然會把璧玉奉上。」秦王大怒，本想一刀殺了藺相如，但他想到殺死藺相如，不但得不到和氏璧，還會破壞秦國和趙國的友誼，並遭到全天下恥笑，只好做罷。

藺相如回國後，趙王認為他不辱使命，保全了和氏璧，給趙國掙回面子，便晉升他為上卿。後來，秦國沒有割地給趙國，趙國也沒有把和氏璧送給秦國。

附注一

《史記》記載，和氏璧一直是楚國國寶，楚威王時期，和氏璧被賜予攻滅越國有功的令尹昭陽。有一次，昭陽設宴招待門客時，取出和氏璧供賓客欣賞，此時有人突發起鬨，並趁亂偷走了桌上的和氏璧，和氏璧從此下落不明。之後和氏璧輾轉來到趙國，被戰國時期趙國君主趙惠文王所擁有。

附注二

古人在舉行祭祀、出兵征戰或喪葬時會使用禮器。璧是古代禮器中的六器之一。和氏璧加工後成為秦、漢、魏、晉、隋、唐等歷代王朝的傳國玉璽，最後在五代十國的動亂中下落不明。由於玉器在中國春秋戰國時期的禮法中占有重要地位，和氏璧本身的價值也被民間廣泛傳頌，因此成為很多中國文化中典故、成語的來源。

附注三

西元前二二八年，秦國攻滅趙國，和氏璧最終被秦國所擁有。西元前二二一年，秦滅了周朝六個最大的諸侯國，建立了中國歷史上第一個中央集權的朝代。據說秦國將和氏璧雕琢為傳國玉璽，並由玉工孫壽刻上了由秦帝國丞相李斯寫的「受命於天，既壽永昌」八個蟲鳥篆字。從此，和氏璧成了皇帝的寶印和天授皇權的象徵。

在秦朝之後數百年間，擁有傳國璽成為中國歷史上被承認為正統帝國的條件之一，即使改朝換代時也不例外。從秦朝開始，共傳了一千多年。有一個傳說是傳國玉璽是由藍田玉所打造，不是和氏璧，和氏璧可能成為秦始皇的陪葬品，埋在秦始皇的陵寢中。

附注四

戰國七雄是中國古代戰國時期七個較強諸侯國的統稱。春秋時期和戰國時期發生無數次戰爭，使諸侯國的數量大大減少。到戰國後期，只剩下七個實力較強的諸侯國，分別是齊、楚、韓、趙、魏、燕、秦，合稱為「戰國七雄」。在這七雄之中，後期以秦國國力最強。

附注五

門客：門下的食客，古代寄食在官宦顯貴家中，為主人策劃計謀、奔走效力的人。

這篇補充閱讀文章後面，附上「中國歷史朝代演進圖」以及「戰國七雄地理位置圖」，幫助學生更加了解歷史背景。

學生閱讀了白板上張貼的三份補充資料，以及我編寫的閱讀資料後，再次進行小組討論，看看之前所提出的問題是否已能得到解答。接著，小組依序上台報告。這時，問題已不是問題，都能得到充分的解答。

當我問學生獲得哪些新知識，也就是過去不知道，隨著問題討論與補充閱讀之後才知道的，學生表示，知道了和氏璧的由來、「價值連城」的意思、玉的價值、和氏璧可能變成了秦始皇的陪葬品、戰國七雄分別是哪些國家，以及「門客」的意思。

當學生對課文主題「完璧歸趙」這件事的相關背景及主要人物都有更充分理解之後，寫作之路就不遠了。

6 寫作Fun輕鬆——提問→理解→讀寫整合II

教師須在教學中串聯學生的閱讀理解與發展多元寫作。學生喜歡寫，學習單才能夠發揮學習效果，基礎要訣都在於「不難」，也就是要讓學生有成就感，享受到成功的經驗，如此就能保持用一枝筆書寫的熱情。

在以大量閱讀解答了學生提問的問題之後，我將這一課的表現任務設定在寫作，寫作將口說能力提升至書寫層次，同時也表現閱讀理解。之所以用寫作做為本課的總結，也是為了結合班書閱讀，讓讀寫整合相輔相成。

四上這一個學期，全學年班書共讀的書籍其中有「歷史Fun輕鬆系列套書」之一的

《皇帝陛下的成績單》。

這本書將歷史上有名的四十一位皇帝編在一班，將龐大複雜的歷史事件化繁為簡，用逗趣的「成績單」形式呈現皇帝的一生。

「學籍資料」就是個人檔案；「自我介紹」中讓皇帝以第一人稱口吻講自己的成長歷程或豐功偉業；「趣味插圖」圖文並茂，增加閱讀的活潑性；「趣聞大播報」表現主角人物不為人知的生活小故事；「他人說閒話」以及「小學生這樣說」會有主角周圍的人，以及四年級小學生林子奇以他們的觀點看皇帝；最後並有「綜合評分」，分別以武力、文藝、政績三面向為皇帝打成績並寫評語。

學生當初在閱讀這本書時便愛不釋手，因為將嚴肅枯燥的歷史事件化為生動活潑的圖文編排。我便借力使力，依照「歷史Fun輕鬆」閱讀文本內容，設計寫作形式。

秦昭襄王在歷史上留名是因為「完璧歸趙」這件事，但《皇帝陛下的成績單》一書未收錄他為主題人物。設計寫作單（請見下頁）時，我把秦昭襄王當成插班生，編寫了學籍資料，並仿寫了「趣聞大播報」，讓學生對秦昭襄王有更多了解。寫作部分則是讓學生有多重角色的訓練，先揣摩秦昭襄王如何自我介紹，再化身為藺相如來說秦昭襄王的閒話。

寫作設計範例：插班生秦昭襄王的學籍卡

主題：皇帝陛下的成績單（第十四課〈完璧歸趙〉）
主角人物：秦昭襄王

皇帝自述

藺相如說閒話

姓名：秦稷（秦則）
性別：男
年級：秦（戰國時代）
學號：0103
享年：75歲（前325年－前251年）

趣聞大播報

說起中國歷史上在位時間最長的君王，大家都會說是清朝的康熙皇帝，最長壽的君王則是清朝乾隆皇帝。但是，在兩千多年前的戰國時代，秦昭襄王的壽命之長和在位時間之久可是不遑多讓。他在位長達五十六年，享有七十五歲高齡。單憑時間，他就把大部分敵人的戰力都消耗掉了；而且，在一國之君這樣的高危險崗位上，能活得這麼久，秦昭襄王可說是國君中的戰鬥機，權力場上的發電機呢！

寫作Fun輕鬆：如果我是秦王／藺相如

跳脫制式的寫作模式，讓學生化身為君王及歷史有名的丞相來說君王的閒話，這前所未有的寫作模式引起大家極高的興致，尤其是男生躍躍欲試。

學生寫「皇帝自述」令人驚豔，生動揣摩並表現他自大傲慢無禮的個性，口吻維妙維肖，第一人稱敘寫方式讓學生好像穿上龍袍、坐上龍椅，君臨天下的說著自己和藺相如的恩恩怨怨。我為之讚嘆。

「秦王自述」佳作一

沈宥宇

我就是大家所知道的秦王，為什麼我想要和氏璧呢？這是因為和氏璧可是一塊珍寶啊！沒想到我竟然因為藺相如那小子而得不到和氏璧，真是可惡啊！還有那個趙王，自己什麼也不會，連個計畫也想不出來，只會靠藺相如，比也比不上我，如果想好好治理國家，就要有一個像我一樣的君主，才能打理好國家。

「秦王自述」佳作二

孟智東

我是戰國時代秦國的秦昭襄王，是中國歷史上數一數二有名氣的皇帝，我的在位時間和壽命，也是在中國歷史上前幾名的。但是令我覺得難過的，就是我很可憐，因為我的個性很粗暴，而且很貪財，所以常被其他旁邊的小國討厭。雖然我常被他們討厭，但是我不在意，因為我貪財的個性又發威了，我盯上了趙國的一塊珍寶和氏璧，如果得到「它」，我的名氣就更大了，且更有錢……但是，因為我貪財的個性，惹到一個不該惹的人，那就是趙國的上卿藺相如。

寫作單的另一個欄位，則讓學生又化身為藺相如說起秦昭襄王的閒話，一樣精采萬分。藺相如冷眼旁觀看著秦王耍詐，但早已了然於胸，自有計謀。

「藺相如說閒話」佳作一

張畚嘉

當我在秦國時，早已發現秦王的計謀，所以我以其人之道還治其人之身，當然不讓他得到和氏璧。這奸詐皇帝，又約了趙王到澠池相會，當他侮辱趙王時，我不能冷眼旁觀，我也以牙還牙哩！

「藺相如說閒話」佳作二

李昀昕

秦王你的粗暴和自大早就傳遍大街小巷，國內國外，我早就聽說了。我代表趙國去秦國，我當然要做好自己的工作，如果我也被你騙，我就不叫藺相如了，還好我把和氏璧保住了，好險！

寫作Fun輕鬆：為藺相如打成績、寫評語

之前讓學生閱讀《丞相大人的成績單》中〈藺相如〉一篇，只讓學生閱讀藺相如的自述。接著，我請學生以旁觀者身分為藺相如打成績（寫作單請見下頁），如同《丞相大人的成績單》書中內容，分成三個部分：智慧、修養、能力。

一直以來都是老師為學生打成績，這次換位讓學生為他人打成績，對象還是鼎鼎有名的歷史人物藺相如，大夥兒都感到新鮮有趣。而打分數之外還要寫評語，評語等同是找證

寫作單設計範例：藺相如的成績單

智慧 ________ 分
評語：

修養 ________ 分
評語：

能力 ________ 分
評語：

綜合得分 ________ 分

「藺相如的成績單」學生佳作一　　李佳穎

智慧 100 分	這個學生曾因秦國想強取和氏璧的請求而出使秦國，最後用他的智慧讓和氏璧回到自己的手中，再將和氏璧完好的送回趙國。
修養 98 分	這個學生面對廉頗想跟他比個高下時，不但沒生氣，還處處讓著廉頗。
能力 95 分	這個學生的能力真是不錯，秦王和趙王在澠池之會時，秦王要求趙王彈瑟，他拿起一個瓦罐，叫秦王為趙王敲瓦罐，如果秦王不敲，他就將血濺到秦王身上，最後秦王敲了瓦罐，這個學生真厲害。

綜合得分：97.2 分

「藺相如的成績單」學生佳作二　　吳沂霈

智慧 98 分	這位學生總是能在緊急的時候表現他的智慧，在面對秦王要求時他不得不答應，可是大家要知道，能從秦王手中拿走和氏璧的，並非一般人。
修養 95 分	藺相如的修養極高，在面對秦王不守信用的時候，他總是不卑不亢，表現出大使的氣度。在廉頗對他不滿時，他也退讓著，真的令人佩服。
能力 100 分	這位學生的能力超群，每一件事都經過他有能力的頭腦想過才實行。在趙王心裡，他一定為藺相如打過無數次的一百分。

綜合得分：97.2 分

據，讓學生說明為什麼打這個成績，增加學習樂趣之餘，也將寫作提升到分析及評論的高層次理解。

學生學習透過文字表現適當的語氣、神態、感情、想法，以表現人物特點；在不同角色間進出，嘗試多元類型寫作，暢所欲言且投入。學生喜歡寫，學習單才能夠發揮學習效果，基礎要訣在於「不難」，也就是要讓學生有成就感，享受到成功的經驗，如此就能保持用一枝筆書寫的熱情。

寫作練習過後，我將《戰國故事》與《丞相大人的成績單》兩本書擺出，學生自是爭相搶閱。上完這一課學期也近尾聲，寒暑假我一定為學生推薦閱讀書籍避免喊無聊，而「歷史Fun輕鬆」系列四本與「快樂讀經典」系列五本，登上寒假最佳推薦閱讀好書。

以讀帶寫，寫作之路無限寬廣

孔子說學而不思則罔，思而不學則殆。而學問學問，要學就要問，讓學生敢問、勤問、樂問、能問，不怕問題笨，只怕他不問。老師不直接給答案，學生可以透過閱讀，自已經歷尋找答案的過程。而在參與建構知識的過程中，老師也可以透過學生提出的問題，了解學生的學習狀況與學習困難。讓課堂中的討論，培養學生成為一個積極的學習參與者與投入的傾聽者。學生學習如何問問題、如何回應問題、如何與人討論問題、解決問題，這是終身學習必須具備的能力。

教師在教學中串聯學生的閱讀理解與發展多元寫作，在在表現專業素養。閱讀為寫作提供了詞彙、句式、背景知識與寫作方法之範例，寫作是綜合能力的表現；以讀帶寫，寫作有無限可能。

7

教學教學，有教有學

——素養教學，其實並不遠

素養導向教學不會犧牲掉學生的知識習得，也不會減損學生的分數，重要的是學生能表現問題解決的能力，展開更多的學習。這是有心的老師就可以做得到的事，端看老師存乎的一念之間。

在研習場合常有老師詢問特定版本或課次該如何進行教學，請我分享實例以仿效之，事實是有困難的，教學沒有辦法百分百複製，教材各有特性、學生各有特質、老師各有想法、學校各有特色課程，版本不盡相同，很難達成齊一，更何況教學本就不應該要求「整齊一致」。

我總是希望透過我的教學分享，夥伴們聽到的是教材分析的亮點、教學上深入深刻的想法。若能抓住教學本質，課堂教學活動絕對不會出軌，都能在軌道內逐步走向康莊。這個教學本質指的就是以文本為主，促進學生真實讀懂、達成閱讀理解，並且發展出學習策略。非關版本、非關年段、非關課次，關乎的是教師的專業觀點。就像看食譜做菜，食譜上寫著調味料幾匙幾克、食材幾斤幾兩，事實上無法總是一成不變，會因地制宜，依鍋爐、依食材、依天氣、依個人口味喜好而有彈性，但只要掌握大原則，仍能道道出好菜。

前幾章分享了幾個教學實例，這一章就來談談我對教學的二三看法。

改變，從微調開始

有老師問我，真的每一課都能「閱讀理解」嗎？每一課都提問嗎？一學期寫幾篇作文？訓練學生提問發表不會累嗎？不會有課程進度壓力嗎？

「閱讀理解」對我來說就像呼吸一樣自然，不會刻意要做閱讀理解，因理念早已深植，操作也熟練，因此駕輕就熟。多年教學，經過不斷積累經驗、修正反思再操作，勞者多能，能力是練出來的。

每一課我都做精準教材分析，設計合適的教學活動，並在學生已經具備的知識和能力上逐步墊增。若是進行初始概念的建立或難度較高的能力提升訓練，便會花較長時間。雖然理論上課程是依安排好的進度，但實際教學還是有彈性，並不是墨守成規不知變通；教學都在鬆緊之間運籌帷幄。

若是有老師擔心進度問題而不敢改變，我總是鼓勵他試試看，量力而為的試，嘗試就是好的開始，不要害怕改變。

大家談「翻轉教育」沸沸揚揚，我覺得「翻轉」二字某些時候聽起來頗嚇人，好像老師要把過去練就的武功全部打掉重來。其實不然，我建議以銜接和微調的方式，在自己既有的教學模式上調整，並加入新的有效元素，邊做邊修，老師也可以在一學期中挑幾篇課文來操作提問，你會發現，教學已經開始在改變。

還有老師擔心，課堂上花許多時間培養學生能力，會不會有進度壓力？會不會教得比較少？考試成績又如何？

別擔心，素養導向教學不會犧牲掉學生的知識習得，也不會減損學生的分數；重要的是，學生能練就解決問題的能力，展開更多的學習。

老師和學生一起扮演學習者

起步總是好事，別光說不練，或一心認定只有大學校、都會學校才可能改變教學，我覺得不然，這是有心的老師就可以做得到的事。我一再強調教學策略要簡易、可行、好操作，需要家長協助的部分也不多，正所謂有心就有願、有願就有力，端看老師存乎的一念之間。不然，只有羨慕別人的眼神、只有哀怨的言語，卻永遠無法改變，會在徒呼負負中蹉跎自己的教職青春與學生的精華學習時機。

現代流行用語「視角」意指觀看事物的角度。那麼，老師看學生又該是怎樣的視角？教學教學，有教有學，是交互、雙向、流動的，老師要和學生一起扮演學習者的角色，不是灌輸者的角色。

學生的學習動機低落，就把他邀請進來，從「客人」變成「主人」，有參與就有感受。老師要啟發學生的思考能力，從提問出發，幫助學生聚斂及擴散思考，藉由問題的帶動，引發連貫性的思考，讓他像成人一樣成熟運思。學生不會是老師下一個口令，他才有一個動作，而是真真實實經歷了探究的歷程，建構了知識的完整面貌。

學生在教室裡說錯了沒關係，老師可以從學生的錯誤答案中，覺察他們的困難之處，進而修正教學。老師不必期待用一個月或一學期的時間，便能馬上把所有學生教到會。在教學過程中，我們都不斷的在觀察學生，掌握他的學習狀況以便適時協助。

不要因為擔心學生不會問就不讓他問，不要因為學生年紀小就以為給標準答案就好，給齊一答案學生會變得不敢思考、不敢探索。真正的閱讀是能在文本中整合分析及批判，而不是不加思索的全盤接受作者觀點，也就是具有反思的能力。

教學很難速成，但我們感恩與學生「一期一會」。有個笑話說老師總感慨學生一屆不如一屆，但我們還是要珍惜當下這一屆，因為下一屆又不如這一屆。我們若不想總在埋怨學生能力像滑梯往下溜一般每況愈下，那就要改變，改變學生在教室裡參與的方式。讓學生開始提問，就是改變的開始。

射靶需要瞄準，靶心是最精準的正中心，人人以正中靶心為目標。教學設計也是如此，要瞄準、要正中靶心，靶心就是該課的教學目標。

瞄準靶心，才能有效教學

一課有過多的教學目標便會失焦，國語文教學並不是每一課裡的每一句、每一段都能做到巨細靡遺的解釋分析，時間不允許、也不必要。教師應該依照學習序列與教材特性，確定每一課的教學重點，才能進行有效教學，讓學生將語文知識轉化成語文能力。

學生的能力訓練、態度培養都要系統式的規劃。我先問，再邀請學生問，巧妙設計一連串的問題，讓學生經由問題串聯對全文的理解。用課文來厚植學生的基礎語文能力，課文之外沒刻意安排太多的延伸，捨棄並不可惜，雖然沒有延伸到其他面向看似不夠豐富，但教學有很明確的重點。有時太豐富的課程，老師說很多、給很多，學生能接住的卻不多。就像我們享用「吃到飽」自助餐，看得眼花撩亂，卻不知如何選擇以及細細品味。

老師要明確知道，每一課課文、每一堂教學活動要發揮的功能是什麼；也要知道不同年段要培養的能力不一樣——低年級讀懂，中年級比較文本異同，高年級的思考脈絡是有關聯的，不斷裂的。

何謂素養導向教學？我的定義是：教師創造學習情境、安排教學活動、設定學習任務，讓學生在過程中不斷思考探究，最終能自行歸納統整。

課文的進行，如果只有讀課文、習寫生字語詞，少了閱讀理解訓練，一旦學生自己閱讀時就無法理解，看不出寫作技巧，看不出段落如何鋪陳，也讀不出作者的想法。

我十分強調，「提問」是可以增能的路徑。「老師說」是透過講述，讓學生接收知識概念，「老師問」則是教師提出問題，引發學生對文本的探究、理解相關的知識概念，同時在過程中培養能力與態度。老師不能想問什麼就問什麼，因為每個提問對學生的概念發展都有影響，跳躍性的提問，會讓學生無法發展邏輯性的思考。

此外，自主學習訓練則是要讓學生透過老師的教學活動安排實際操作經歷。因為學習要有思考與投入，讓學生參與學習，讓他知道他的問題、他的意見、他的看法，對於全班理解及解決問題是有助益的。

當學生有閱讀理解的態度，知道閱讀理解要從文章最明顯的事實出發找線索，之後老師不需要逐句逐段的問，可以只問事實，學生便知道要觀察、要整理、要歸納。學生的思考會有自己的習慣與程序，漸漸發展成自己的素養。

8

走出課本，看見世界
——導入課外閱讀，擴充學習深度與廣度

窄化的閱讀觀認為閱讀就是看文字，事實上，閱讀的關鍵在處理訊息。若學生能從文本「擷取訊息」進而「歸納解釋」，最終「分析評鑑」，才算是具備充分的閱讀素養能力。

國語課的語文教學，我們用心設計，讓學生學習討論、聆聽、分享、思考、提問、佐證、發表而能讀懂，進而提筆寫作。但課內文本終究不夠，因其面向較窄化，而服膺新課綱全方位開展的學習趨向，教師也應該導入課外閱讀，以擴充學生的學習深度與廣度，並檢驗學生是否能將課內的學習策略遷移到課外。所謂瓜熟蒂落；課內瓜熟，蒂落也會落在

課外閱讀上，創造學生更豐富的學習經驗。

平日我便讓學生養成閱讀習慣，配合課程會有繪本、橋梁書、少年小說、期刊雜誌等課外閱讀的融入。其中，期刊雜誌是我常用的閱讀理解訓練教材，因其篇幅不若一本書分量那麼多，卻又能培養學生閱讀長文的習慣與能力，方便在課堂操作應用。

選擇期刊雜誌做為跨領域閱讀、多元閱讀的材料，首要也是以「有趣」為起點，並走向「有效」。有趣是指文本內容趣味性高，與生活接軌，能讓學生感受樂趣；有效則是文本內容題材豐富、涵蓋面廣、知識性強，能促進理解。因此，教師要能選擇「質刊」（品質好的期刊），這便是我以《未來少年》與《未來兒童》導入教學的理由。

平時我會選用《未來少年》、《未來兒童》中與課程主題相關的文章輔助教學，學期末更是進行「閱讀寫作重訓」的好時機。

在期末紙筆評量結束至結業式之前，還有幾天正規課程時間，但沒有學科進度。許多班級安排大掃除、欣賞影片、開同樂會，或進行輕鬆的活動課程。我則會利用這幾天進行平日想做但時間不夠用的閱讀或寫作訓練，讓學生的學習展現連貫性。以下分享我以期刊雜誌導入教學的經驗。

一、期刊雜誌裡的人物故事閱讀

傳記／人物故事是很重要的閱讀題材，學生若能多閱讀人物故事，則有典範學習的價值。我選用二〇一九年五月號《未來兒童》中的長篇文章〈現代人物——蜜雪兒・歐巴馬〉做為閱讀文本，希望透過提問，讓學生深入對主題人物的認識。

這一篇文章是四個頁次的跨頁編排，剛好可用B4紙張正反面影印。我請二年級學生將文章帶回家閱讀，做為家庭作業。閱讀時學生已習慣用螢光筆標示重點，同時，在文章右上角貼有便利貼，學生要在便利貼寫下自己讀不懂的問題，只需要兩個問題就行。

隔天，學生留下文章，將便利貼撕下交出，我將學生提問的問題彙整成一張單子（請見下頁列表），大家可以看到所有人的問題，這便是「思考看得見」。

我將學生的問題大致分類。課堂上，我將問題單發下，人手一張，進行討論。

詞義不懂要從上下文推論，這是一貫的準則，低年級也要持續訓練，但需要老師引導。以「匠心獨具」為例，我請學生先找出這個語詞出現在第幾段，並且讀出來：「時尚雜誌曾評選她為『最會穿衣服的人』，匠心獨具的穿衣品味大獲好評。」

閱讀問題列表：關於蜜雪兒．歐巴馬

詞義	1 什麼是匠心獨具？ 2 什麼是刻板？ 3 什麼是雪恥？ 4 什麼是芝麻街？
學習	5 為什麼蜜雪兒要求老師重新測驗？ 6 為什她寫不出「白色」的英文字就很懊惱？ 7 為什麼有老師不看好蜜雪兒？ 8 為什麼老師不看好她，認為她考不上理想的大學？ 9 為什麼蜜雪兒在老師不看好她時還能考上理想的大學？ 10 我想知道蜜雪兒為什麼這麼不服輸？
第一夫人階段	11 蜜雪兒是美國第幾任總統夫人？ 12 當第一夫人好玩嗎？ 13 第一夫人要接受的挑戰是什麼？ 14「第一夫人旅程」指的是什麼？ 15 為什麼說她是最「平民的夫人」？ 16 當第一夫人不是很好嗎？為什你說很辛苦？ 17 當美國的總統夫人壓力是不是很大？
其他	18 為什麼蜜雪兒要關心年輕族群？ 19 為什麼蜜雪兒要定期與年輕人聊天交流？ 20 為什麼膚色帶來刻板印象？ 21 蜜雪兒為什麼要演講和出書？ 22 為什麼蜜雪兒要種菜？ 23 我想請問蜜雪兒，你平常都做些什麼事，別人才會選你的丈夫當總統？ 24 有比歐巴馬更厲害的人嗎？ 25 失敗不是很痛苦嗎？為什麼失敗能讓人成長？ 26 為什麼只要努力就能成功？ 27 我很好奇的是當遇到困難時，蜜雪兒會用什麼心情面對？

其他	
	28 為什麼蜜雪兒可以在家庭和工作難以兼顧的時候，解決問題？
	29 蜜雪兒現在在哪裡？
	30 蜜雪兒有得過獎嗎？
	31 她小時候很在意膚色嗎？
	32 蜜雪兒在美國多少年了？
	33 蜜雪兒是非洲人嗎？
	34 蜜雪兒是模特兒嗎？
	35 如果不珍惜食物？會不會發生很嚴重的事情？

老師──「匠心獨具」在形容什麼？

學生──形容她穿衣服。

老師──穿得好不好？會不會穿？

學生──穿得好，很會穿。

老師──你怎麼知道？

學生──因為後面句子寫「大獲好評」。

老師──所以你認為「匠心獨具」是褒義詞，還是貶義詞？

學生──褒義詞。

老師──那麼，「匠心獨具」這個語詞你會抓哪個關鍵字？

學生──獨。

老師──「獨」可以怎麼解釋？

學生──獨特。

老師──把「獨特」帶進去原文看看。（我請學生試試。）

學生──（朗讀）時尚雜誌曾評選她為「最會穿衣服的人」，獨特的穿衣品味大獲好評。

老師──通順嗎？

學生──通順。

老師──所以，你怎麼解釋「匠心獨具」這個語詞的意思？

學生──就是稱讚人家很棒。

學生──讚美別人很獨特。

透過我的引導，師生間一問一答，提點學生注意句子之間的關聯性、思考語詞的關鍵字，就能推測出語詞的意思了。

大風吹，交流討論如風吹

接著，重頭戲就是要解決文本裡的問題。我請學生重新閱讀文章及問題單，關於問題單上的三十五個問題，有讀懂的在題號前的空格打「✓」，若不懂的就打「×」。

於是學生重新檢視問題單並一一標記。每一個人對文本理解的程度不同，所以問題單上的表現也不一樣，有的人打勾多，有些人打叉也不少。

在確認自己的問題之後，這次我用「大風吹」的方式讓學生進行交流討論。大家可以自由在教室裡走動。

我的「✓」可能是你的「×」，那麼我來說給你聽，你聽聽看我是這樣想、這樣讀懂的，讓我協助你將「×」變成「✓」；我的「×」可能是他人的「✓」，那麼我要去請教他人，問問他對這一個問題的看法，更可以多請教幾個也打了「✓」的其他人，交互驗證，聽聽彼此看法是否一致。

於是，教室裡學生站了起來，或一對一，或三三兩兩，或三五成群；或有的站有的坐，或在講台前大桌、窗邊、教室後頭的地板上，各有討論的位置或姿勢，討論的言語在課堂上流動著。

一會兒聽到這邊說「你看這裡……」「原來如此喔！」那邊也傳出「我懂了，謝謝你！」「我教你！」等話語。或見到小朋友浮現恍然大悟的驚喜表情，或是因協助他人解惑的成就感神情，學生像小魚兒游動，自在穿梭，也串成討論流動與和諧共好。

慢慢的，大家的問題單有了改變，許多的「×」都變成了「✓」。風吹人流動之後，問題單中還是有幾個學生難以解決的問題，也就是在文本中難以找到線索，加上學生本身背景知識不足而產生的問題。

最後，我問還有哪些問題存在著，也就是還沒消失的「×」。有下列三個問題：

- 蜜雪兒是模特兒嗎？
- 蜜雪兒現在在哪裡？
- 蜜雪兒有得過獎嗎？

接著便是我出手的時刻，我說蜜雪兒・歐巴馬長得很高，有一百八十公分，但她不是模特兒，她是律師，一九六四年出生，現在住在美國。她曾得過一些獎，大部分都是倡導人權的獎項，還沒有得過諾貝爾獎。經過我的解說，於是，這三個打「×」的問題也變成「✓」了。

認識人物的內在

課程收尾，我問學生對蜜雪兒・歐巴馬的印象如何？我以Circle Map為圖像工具，這是一個聚焦的圖像，中央圖框寫上蜜雪兒・歐巴馬，鼓勵學生在外圍圖框寫下對主角人物的形容。

「你對蜜雪兒・歐巴馬的印象如何？根據她說的話、做的事，你會怎麼形容她？」這樣的語言低年級小朋友可以聽懂，學生也懂得在主角人物的個性上著墨，不會只描述外型長相。我鼓勵學生，有想法就可以上來寫。

「很努力」、「做事一心一意」、「賢妻良母」、「很厲害」、「很堅強」、「堅持不斷」、「很有親和力」、「很有耐性」、「不服輸」……小朋友紛紛寫下這些語詞，表現對人物的理解，並口頭說明之所以這樣形容的理由。

我再拿出繪本《歐巴馬》做為補充閱讀，這也是以一個閱讀帶動另一個閱讀。書中闡述歐巴馬特殊的出身，他在成長階段面臨自我認識與認同問題，以及如何在追尋夢想的過程中，找到生命的意義。

閱讀人物故事具有正面的激勵示範作用，可讓小朋友知其人、聽其言、學其事。而「大風吹」的提問討論方式，讓小朋友時常更換討論的群組，討論可以在兩個人、三個人或更多人之間進行，每個人都有發言的機會。雖然討論的問題是固定的，討論的內容和結果卻不是事先訂好的，最後終究能取得團體的共識。學生也對自由自在的討論方式，感到輕鬆愜意，但依舊展現學習的價值。

二、期刊雜誌裡的國際觀

新課綱強調「多元文化與國際視野」，孩子如何與世界接軌？閱讀是捷徑，可以有立即效果，也能促成長久效益。

《未來兒童》專欄「這次去哪交朋友」便是打開國際視野與認識多元文化的好媒材。我選用二〇一九年五月號《未來兒童》專欄文章〈跟挪威孩子上山下海〉，讓學生看見廣大的世界。這篇文章以八歲挪威小學生埃里克斯為主角，介紹挪威孩子的日常生活，學生讀了很有共鳴。

我的教學想法是，學生必須做一個真實的讀者，理解文本之餘要能與文本互動，看別人、想自己，我思故我在，與文本產生連結，這樣的閱讀才能產生超越文字本身或趣味娛樂的意義。

因此，藉由這個文本，我以「比較與對照」為主題，讓學生從埃里克斯想到自己。文章影印讓全班閱讀後，我們知道了主角是八歲男孩埃里克斯，他住在歐洲北部的高緯度國家挪威，我說這就是「北海小英雄」主角小威的家鄉，學生更有親切感了。之後我們討論「這一篇文章介紹了什麼內容？」小朋友說，我一一寫在白板上：

- 取名字的方式
- 飲食習慣
- 地形特色
- 居住的地方
- 自然及氣候特色
- 課外活動
- 爸爸的工作
- 學校課程
- 神話傳說
- 放學後的活動

我跟學生說閱讀要有意義，就需要連結到自己，也就是「聯想」。例如，埃里克斯住的地方靠近北極圈，冬天氣溫甚至降到零度以下，那麼「我呢？我住的地方又如何？」也就是「看別人、想自己」，這樣才能將讀者（我）與作者或文章主角（他）之間搭起一座橋樑，跟對方互動。

我以Double Bubble Map為思考圖像，但省略中間紀錄「共同性」的欄位，讓學生自選三個小主題做異同對照（請見下頁主題學習單設計範例），並分別在「挪威孩子」及「台灣孩子」的欄位寫下各自的特色。

對於寫作，我認為學生的選材不必一致，每個人有自己的閱讀體會與感興趣的寫作素材，透過自我選材，大家可以欣賞更多豐富多元的精采之作。

有的學生雖寫的是簡單句子，但表現出童趣。

「挪威孩子居住的地方是寒冷的漁村；我們住在熱鬧的城市。」

「他們吃鱈魚補身體，我們吃白帶魚補身體。」

「埃克里斯的爸爸是漁夫，我的爸爸做投資工作。」

從學生作品（請見二七九頁佳作）可看出，二年級的孩子已能在文本中觀察訊息，並有分析歸納的能力，再透過寫作開展思路，並透過作品欣賞交換心得。

即便是寫作，雖是全班進行相同的學習活動，但學生連結產生的經驗各有不同，也就會有個別化的成果表現。

從文本閱讀到寫作呈現，表現出教師能用不同的途徑和方式，蒐集各類可供寫作的材

主題學習單設計範例：比較與對照

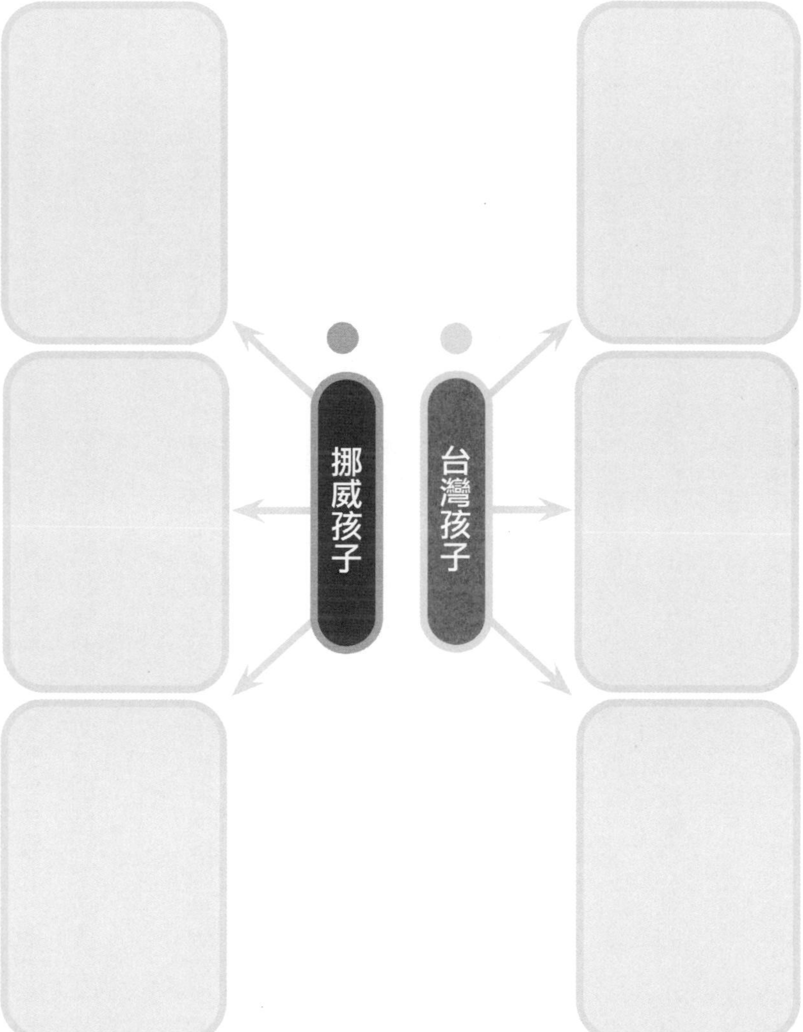

主題學習單學生佳作一　（戴語恩）

挪威孩子：很聰明、愛大自然

台灣孩子：辛苦

學校課程

他們有挪威語、環境課程、雕塑課，而且他們最期待戶外課。

學校課程

我們有國語課、數學課、生活課。我喜歡數學課。

取名字

他們的名字是有關大自然。例如，「埃里克斯」是河灣的意思。

取名字

我們和爸爸或媽媽的姓一樣，我叫戴語恩，爸爸叫戴明吉。

飲食

他們喜歡吃白煮鱈魚，他們做白煮鱈魚的方法很簡單。

飲食

我們平常都吃飯、肉、菜，我喜歡吃空心菜。

主題學習單學生佳作二　（陳碩賢）

挪威孩子：勇敢勤勞

台灣孩子：很皮、很聰明

神話傳說

他們有山怪，其實山怪很和善，但是不要惹他們生氣，不然他們可能會吃人。

神話傳說

我們有「虎姑婆」的傳說，她會咬小孩的小指頭。

戶外課程

他們的戶外課和我們的校外教學很不一樣，自己砍柴、升火、煮午餐。

戶外課程

我們就只能出去散步、跑步、踢足球。

放學活動

他們放學後的活動有割魚舌、滑雪、划船。

放學活動

我們的放學活動就是回家運動、玩遊戲、桌遊。

料，再讓學生練習不同表述的寫作方式。以寫作為目的，知識內容成為過程中的題材，這是充分閱讀理解後的開花結果。

三、期刊雜誌裡的思辨力

窄化的閱讀觀認為閱讀就是看文字，事實上，閱讀的關鍵在處理訊息，也就是學生在文本中讀出什麼樣的內涵？看見什麼現實樣貌？又將採取何種行動力？學生能從文本「擷取訊息」進而「歸納解釋」，最終「分析評鑑」，這便代表學生有充分的閱讀素養能力。人們常說閱讀的目的是了解世界，那麼，教師也要能提供讓學生認識世界的文本。《未來少年》是適合高年級閱讀的期刊，教師可以選擇適合的文章讓學生閱讀寫作，而寫作能力也要向上提升至對文本有理解與表達的能力。

我選用二〇一九年五月號《未來少年》的長篇文章〈特別企劃——不只是嚴謹，德國〉。請五年級學生閱讀文章後，我提出三個問題（請見下頁學習單），讓大家思考及提出自己觀點。

學習單設計範例：不只是嚴謹，德國

主題：統整、推論與思辨

一、「德國是注重並落實環保的國家。」你同意這句話嗎？提出證據。

二、「我想移民德國。」請舉出這個國家吸引你移居的理由。

三、梅克爾總理對難民敞開大門，但也造成社會隱憂。如果是你，你會對難民伸出援手嗎？

這三個問題的設計都切中文章要點、精簡精闢。問題不用多，一多學生便厭煩，但問題要表現文章核心主旨，同時希望學生不要只有單方面接收文本訊息，應該要有想法，能夠提出個人詮釋。

學生很容易對於這種沒有畫格線的學習單，感到手足無措，紛紛提問「要寫幾行？」「要寫幾個字？」

我說，從來都不是字數的問題，是「完整」；也就是有沒有把自己想表達的意思說清楚？你的述說可以讓讀者理解嗎？

規定寫作字數是很詭異的事，常常可以看到學生寫一寫就停下來數字數。例如結尾寫「我很開心」，如果少了幾個字就添加風馬牛不相及的語詞，變成「我非常非常很開心」或是「我真的真的很開心」來湊足字數。

我一向不喜歡規定寫作字數，我總是跟學生說寫作要「知無不言，言無不盡」，把所知道的說（寫）出來，充分表達自己的想法。

至於書寫的格式也可以有自己的想法，以文字為主，或是以圖輔助、文圖並茂，都好。文字是要條列式分點述說，或是用一段完整文字表述，自由選擇。

此外，寫作是忠於自己，不是寫給老師看或為爭取分數而寫，因此不必臆測老師的喜好而不敢寫出真實的情感。儘管放心寫便行。

題一問學生是否同意「德國是注重並落實環保的國家」這句話，並請他們提出證據。以下分享幾篇學生佳作：

學生佳作一

謝子淇

我同意，因為：

1 他們有設置回收機，民眾要把空瓶子放到回收機才能拿回押金，這樣可以促進大家多做環保。

2 政府也有完善的環保政策，例如其中的「生產者負責」政策，要求廠商為紙盒、紙杯和包裝負起回收責任，或委託專業公司處理。

這個學生還畫了逗趣的漫畫，描繪民眾在商店購買瓶裝飲料要付押金。喝完後拿到回收機，機器就退出押金。

學生佳作二　　洪奇展

我同意，因為：

1將喝完的飲料空瓶放進機器裡能拿回押金，也能提高寶特瓶的回收率。

2要求廠商為披薩盒、咖啡紙杯等產品包裝負起回收的責任。

3推動能源轉型，不再使用核能發電。

4使用自然照明和空氣循環（德國國會大廈）。

題二請學生舉出德國吸引他移居的理由。

學生佳作一　　劉喬安

我想移居德國，因為：

1德國有優秀的經濟發展和良好的社會福利。

2德國是全歐洲最大經濟體，有許多知名運動品牌，原產地買比較便宜。

3德國是非常注重環保的國家。

4 我希望我也能像德國的小孩，經常到戶外上課，因為這樣比較快樂。
5 德國有許多高科技，例如磁浮列車，我也想坐磁浮列車。

學生佳作二

方偉霆

我想移居德國，因為：

我想看一些歷史古蹟（以前戰爭留下的物品、建築），我也想看看德國受歡迎的原因，想知道德國哪裡吸引我們；我甚至想跟梅克爾拍照，問她為什麼這麼厲害，可以把德國管理好，還處處受人尊重。

題三提到，梅克爾總理對難民敞開大門，但也造成社會隱憂，並問學生是否會對難民伸出援手？

學生佳作一

溫宴均

我不會，因為我沒有那麼多的同情心和熱心，而且如果梅克爾與難民有不同的宗教習慣，受到她幫助的人反正會覺得「啊！反正我跟你是不同信仰的，何必謝謝你的幫忙？」我覺得這樣做不但會引發爭議，還會造成嚴重的治安問題。

學生佳作二

林欣恩

如果是我，我會伸出援手，但會有限制開放的名額；也會做調查，看難民是否有犯罪記錄和他的經濟狀況。

如果毫無限制的一直開放入境，不但會造成本國人就業機會降低，也可能造成嚴重的治安問題，更有可能造成國民生命財產的重大損失，所以開放要有限制。

這些題目各自表述，說明自己的看法立場即可，不必猜測老師的喜好，不必擔心寫「不伸出援手」就扣分。非關分數，而是自我意見的充分表達。

這個閱讀寫作練習從來都不是要學生崇洋媚外，羨慕他國或嚮往旅遊。這些文本是材料，提供我在教學過程中培養學生閱讀力、理解力、分析力與辨證力，並且能夠建立自己的主張。日後學生便有能力與自己對話、與他人交流、與社會接觸、與世界接軌。

現在高教端的大一國文已開始改變，從傳統古文或國學常識課程轉換到「閱讀與寫作」課程，足見讀寫的重要性。事實上，讀寫課程在小學端早已行之有年，而書寫的重要不在於分數，也不局限於作文簿或成績分數。如果學生能對文本有感，全心參與其中，不管寫什麼都是有生命力的。

閱讀寫作的知識素材除教科書之外，可以從課外書或期刊雜誌尋找。教師透過精準的提問，促進學生聚斂及擴散思考，進而質疑、辨析，最後整合並表述實踐，讓成長出白內在並像迴力鏢，最終回到自己、長出能力。

III

素養第三課

態度價值決勝力

——生活涵養這樣教

學習不單指知識與技能教授，更應該涵育態度。我認為這要從平日班級經營中著手，在師生的日常相處中著力。身教、言教、境教便是班級經營的日常，是教學的「眉角」，教師多留心及用些技巧，便能讓學生建立正向態度與提升積極價值。

1 以晨讀開展一天，把心靜下來

——態度與價值之一：「靜心」

打鐵趁熱，趁著建立一個班級初始，將班級閱讀習慣先建立起來。老師身體力行，成為小朋友晨讀的陪伴者與學習典範，這是教師的信念。閱讀一天一點點，一年多很多，小小的晨間閱讀可以讓學生內化能力，成為一輩子的習慣，累積閱讀能量。

各級學校全力推動「身教式持續安靜閱讀」（Modeled Sustained Silent Reading，簡稱MSSR），已有一段時日。「身教式持續安靜閱讀」的內涵是每天有一段固定時間，老師在教室裡陪著學生閱讀，閱讀的環境安靜無聲，可以自由選擇書籍。不論主管機關是否以公文明訂務必執行，多數學校相當重視，熱熱烈烈展開晨讀，並喊出「以晨讀讓學生喜歡上閱讀」的口號。

我個人認為，多數學生很難透過晨間閱讀便喜歡上閱讀，要能夠喜歡閱讀是因為真正的「讀懂」。真正的讀懂是指閱讀理解，能體會到書中傳達的主旨意涵才能領略趣味。那麼，晨讀的作用是什麼？我認為很大的效能是「讓學生把心靜下來」。

有些沒進行晨讀的班級並不是不想做，而是心有餘時間不足。學生要利用課堂前的晨間繳交作業、抄寫聯絡簿，或是寫測驗複習卷。而小學教師瑣碎事務繁多，一早進到教室就像陀螺轉不停、忙不完，師生各司其職。

我知道閱讀的價值，我鼓勵晨間閱讀，希望學生與書交朋友。一天的開始我沒有急著讓學生抄寫聯絡簿，但我埋首自己的工作，只拋出一句：「請安靜閱讀。」然而效果不佳，安靜閱讀的學生有，但「從閱讀中逃走」的人也不少，有的發呆或換書頻繁，十分鐘可以去書櫃換上兩三本書，是真的有一目十行的功力嗎？恐怕是眼不到心也沒跟到。

後來，我調整做法。既然是身教式持續安靜閱讀，那就應該做到身教，工作放一邊，陪伴最優先。七點半到七點五十分學生陸續到校，七點半時，我搬張板凳坐在教室正中間，開始閱讀，陸續進到教室的孩子，我邀請他們一起閱讀。過往學生到校到班後會先繳交作業，好讓我速速剷平堆放在大桌上峰峰相連的作業山；現在，我跟孩子說：「作業不急著交，坐下來閱讀。」

換書頻繁的孩子，當我問：「你看完了嗎？」學生都是先點頭。若我請他說說這本書在講些什麼，或提問一兩個問題，學生八九都會搔搔頭，拿回去再看一次。

「讀書求精不求多，徒多徒爛也。」這句話說得鞭辟入裡。「精」指的是徹底讀懂，是充分的閱讀理解，讀精了可以運多，也就是有讀懂的理解能力，否則讀再多，也只是虛胖了閱讀量的數字。國語課我訓練學生閱讀理解的能力，藉晨間閱讀我便希望他們培養靜心的功夫。能靜下心又能讀懂，才有自主學習的能力。

慢慢的，學生愈加坐得住、讀得定，我在前頭陪讀，示範著也制約著。另一方面，學生也會關注我在看些什麼書。有時我在看剛收到的繪本或橋梁書，如果我將看過的書放在前頭，通常會成為搶閱的讀本，因為學生對老師在做什麼事一向很有興趣。

有一次，學生見我在看日語的書，我說我晚上在當學生學日語，恰巧當天很熱，我隨口教一句這天在書上看到的，日語的「熱」就是「あつい」（音同「阿恣意」）。學生很驚訝我也在當學生，之後有家長分享，說孩子回家告訴爸媽「老師不只叫我們讀書，老師也讀書；我們當學生，老師也當學生學日語。」學生知道老師不只動口，老師也付諸行動。更有趣的是，當天有英語課，英文老師回饋說班上的孩子好可愛，上課時對她說：「Teacher Fancy, Today is あつい」。

一段時間的陪伴閱讀下來，我觀察到學生不一樣了，晨讀更專注。一早班級裡便有安靜的氛圍，全班專注的閱讀著，姿勢輕鬆、神情投入，有一種寧靜但安定的力量，感覺一整天都蓄積了能量、培養了學習情緒。

比起之前，我忙我的，學生讀自己的，不一樣，真的不一樣。

心靜得下來才有辦法專注學習，心靜得下來才能深層思考，心靜得下來才有生活美感的表現，心靜得下來才能與自己獨處。儘管晨讀結束後，在上課下課間，學生會恢復活潑本性，但用沉浸閱讀來開展一天的生活，美好又美妙，朝向「德式閱讀氛圍」前行。

在德國書籍價格昂貴，但德國人有固定買書的習慣，朋友間會以書做為禮物，電車內、公園裡處處可見從背包中拿出書來讀的人。德國人喜歡閱讀文學作品甚於八卦文章，他們相信這有助於鍛鍊獨立思考與解決問題的能力，這就是德式閱讀氛圍，也是我心中的想望，更希望在班級經營中操作實踐這樣的美好價值。

體會到晨讀對靜心的效果，之後帶領新班級，我持續抱持以閱讀經營班級的理念。

暑假結束後開學第一天，一早，校園熱熱鬧鬧，學生找到新班級教室，二四六年級的學生熟悉敘舊，一三五年級是新的班級，學生間有些許陌生緊張。

這一年帶的是三年級新班級，開學首日的一早，如同以往，我搬張板凳坐在教室中央。第一個學生進來了，對眼前這位新老師生疏好奇，我說：「找到標示自己名字的座位坐下來，到班級書櫃選書安靜閱讀。」白板上也寫著這兩句話。我沒有熱情招呼但口氣堅定的指示。第二個學生進來，我也指著白板如是對他說。隨後進來的人，看到教室裡的夥伴都在安靜閱讀，也依樣畫葫蘆跟著照做。開學的第一天，新班級有安靜閱讀氛圍。

全班到齊後，我跟學生說：「開學第一天，校園裡熱鬧非凡甚至有點吵，但大家一進來便能安靜閱讀，非常優秀！爸媽把你教得很好，低年級老師也把你教得很好，我很榮幸教到這一班。今天、明天、後天、天天，我們都要以安靜晨讀做為一天的開始。」

之後的每一天，我的班級學生都能安靜閱讀。勉強成習慣，習慣成自然，當閱讀養成習慣，不用老師提醒，學生知道進到教室該做什麼事情，安靜才能把心沉澱下來，心情沉靜才能專注閱讀，才能思考。

帶一年級新班級也是一樣，小一就能閱讀。一〇八新課綱上路的新學期，我接任一年級導師。開學前新生親師座談會，我跟家長說明，開學第一天，爸媽帶著孩子到學校，這是小一新鮮人的首日，格外有意義，這天我們會拍親子照，接著請家長帶領小朋友安頓座位物品。隔天，也就是開學第二天，我們就要開始晨間閱讀。開學第二天這麼做，第三天、第四天也會這麼做，之後的天天，直到二年級結束的那一天，每天都是如此，我更希望小朋友養成習慣，直到六年級畢業那一天，天天閱讀，閱讀就是日常。

一年級小朋友剛入學，大字都不認得，可以閱讀嗎？當然可以！

第一天放學前我便告知小朋友，隔天早上到校要閱讀，該怎麼做都先說明及示範。第二天一早，小朋友來到學校就會看到每人桌上都放了繪本，會認注音符號的小朋友試著拼音，從短短的詞語到一句話，慢慢拼、慢慢讀。再者，不會認注音符號的人可以看圖說故事，觀察圖畫是另一種形式的閱讀，繪本有優質的圖畫敘事特質，我教導孩子觀察圖與圖之間的關聯，便可以從圖畫中讀出故事樣貌。不論是練習拼音或看圖說故事，都可以感受收穫及自我的進步，有進步便願意再前進，閱讀便會持續。

一年級小朋友自由選書有困難，初期都是由我在每個人桌上放置繪本，等到慢慢建立閱讀能力，孩子就可以自由選擇書籍。

這群小一新鮮人從開學第二天就進行晨間閱讀，表現非常好。天天閱讀，有事做就不會無聊吵鬧，也在閱讀中慢慢練拼音，將注音符號的學習做應用練習。

打鐵趁熱，趁著建立一個班級初始，將班級閱讀習慣先建立起來。抄聯絡簿不急，繳交作業不急，老師身體力行，成為小朋友晨讀的陪伴者與學習典範，這是教師的信念。閱讀一天一點點，一年多很多。好習慣都是在細節中養成，小小的晨間閱讀可以讓學生內化能力，成為一輩子的習慣，累積閱讀能量。因此，晨間閱讀也是自主學習的訓練，讓這樣的閱讀習慣，從小學、中學延續到成年，最後成為終身習慣。

校園裡最美的風景就是晨讀，最動人的樣貌，就是孩子讀書的樣子。

2 和孩子聊聊一本書

——態度與價值之二：「談書」

一場不在計畫中的書談，學生安靜聆聽我分享自己的閱讀經驗，感受我注入的情感，我們在微暗教室共同領略一本書，時間雖短，分享一本好書足矣，師生彼此收藏了這份寧靜美好。

老師希望學生養成閱讀習慣，有許多推動閱讀的策略，多是由上而下的指導模式，其中「好書擂台賽」、「好書介紹推薦」等都是小朋友之間的閱讀分享。有個問題值得思考——大人是否也參與其中？

或許我們以為孩子年紀小，不必知道成人在讀些什麼，所以很少和孩子們談書。殊不知，「談書」效益無遠弗屆。

「談書」又稱「書談」，就是聊書。很輕鬆的，談談一本書，聊聊一本書。

四月某個週一，下午一點到一點半，全國進行萬安演習。一點整，校園廣播響起：「萬安演習開始，請各班關閉電源，安靜等待。」四月天氣不致於悶熱，關掉風扇，小朋友可以忍耐，但這三十分鐘做什麼好呢？趴著休息嗎？發呆發愣嗎？只是等著嗎？

小朋友問了一句：「什麼是萬安演習？」我說：「萬安演習是軍方和民眾聯合進行的防空演習，演練戰爭時大家的應變能力，演習期間人車要進行疏散和交通管制。」演習和戰爭議題有關，這讓我想起個人極喜歡的一本書《偷書賊》，便跟學生談起。

《偷書賊》特別的是以死神為第一人稱敘述，故事發生在二次世界大戰的德國，因戰爭民不聊生，主角十一歲女孩莉賽爾的媽媽不得不將姊弟送到寄養家庭。

冬天的德國冰天雪地，母子三人搭火車前往寄養家庭的途中，莉賽爾的弟弟病死了，母女兩人中途下車處理弟弟後事。莉賽爾跟著掘墓工人在白茫茫雪地中吃力的走著，這時，從一個工人的大衣口袋中掉出一本書，後頭的莉賽爾眼看四下無人，她撿起這本書偷偷放進自己的大衣內，這是她人生偷的第一本書，以後她陸陸續續還會偷書。莉賽爾偷的第一本書，說它是書也不算是，上頭寫著「如何埋葬死人」，這是一本工作手冊。莉賽爾為什麼要偷一本掘墓工人的工作手冊呢？因為她對文字實在是太渴望了。

我輕輕的說著，四年級的學生們靜靜的聽著，無一騷動，時鐘分針也幽幽的走著。當校園廣播再度響起：「萬安演習結束，各班級可以下課。」校園一陣歡聲雷動，學生終於不必噤聲不用枯坐。這時我也將談書告一段落，請我的學生下課休息，只見學生安安靜靜的起身離開教室。安安靜靜的，有別於外頭的眾聲喧嘩。

這場不在計畫中的書談，學生聆聽我分享閱讀經驗，感受我的情感，我們在微暗教室共同感受一本書，時間雖短，分享一本好書足矣，師生彼此收藏了這份寧靜美好。

某次應允彰化田中國小的親子講座，週六一早並無可配合時程的快車，我決定搭乘電聯車，一站一站的晃悠到中部。這一趟車程要兩個半小時，我滿心希望上車後能有個座位休息，沒想到清晨六點多車廂內已是乘客滿滿。我揣想電聯車每站靠停，上上下下乘客流動快，應該不久會有座位空出。出乎意料，幾站經過，下車人少，卻有更多人上車。

這下我死心了，不再巴望座位，不再眼觀四面猜測哪個旅客貌似要下車模樣，好移動做補位準備。我索性從背包中拿出書本閱讀，這天帶的是少年小說《馬克的完美計畫》。

我站著一頁一頁的翻讀，心也隨之沉澱平靜，彷彿老僧入定，站與站之間的走走停停不再左右我的心思，車廂內人聲鼎沸也被我拋諸腦後，我為書中罹患癌症的少年馬克揪心，也佩服他追夢的鋼鐵意志。等我抬頭意識到有座位時，車已到台中潭子，這一個多小時的時間，因著閱讀，我享受喧囂中的孤獨，但內心卻平靜強大。

週一回到學校上課，我跟孩子分享這一段火車旅讀經驗，也介紹了這本新書。沒出幾天便有小朋友捧書閱讀，因為只要我一推薦好書，學生會請爸媽協助購書，因著談書，閱讀有帶動作用，閱讀不間斷。

在鼓勵孩子閱讀的過程中，有大人的參與，在與孩子談書中，我看到熱切的眼神。透過談書，學生知道老師以身作則，不只叫孩子讀，老師自己也讀，表現身教；透過談書，學生知道老師的閱讀態度與閱讀喜好，也得到閱讀推薦的效果。透過談書，拉近師生關係，美好美妙的交心交流。

在功課成績之外，和孩子找不到話題的家長，就和孩子談書吧！校園中、家庭裡，輕鬆自在的聊書，也鼓勵孩子分享自己的閱讀經驗。「談書」讓親子或小朋友之間的互動更言之有物，也談出生活的養分和光彩。

3

半個手臂長，是有禮貌的距離

——態度與價值之三：「溝通協調」

這世代比較自由，小朋友們多隨興，不拘泥小節，忽略禮貌。然而，隨心所欲常樂極生悲，所以教會孩子「約束自己的心」很重要，人人都要練習保持「有禮貌的距離」與自律，用合宜的方法解決問題。

上體育課時整隊，A不小心碰到B的臂部，小朋友起鬨：「ㄏㄡˊ，A摸B屁股，性騷擾！」上完體育課，小朋友一進教室就喊：「這是誰的水壺？」「那是○○的！」「剛剛體育課有人哭喔！」一時之間教室不能安靜。

用完中餐要整理桌面與潔牙，這應該已經像呼吸一樣自然的事，還是有幾個小朋友隨便刷個兩三下交代一下，甚或根本沒刷牙，在幼兒園前無障礙坡道當起Running Man，奔跑嬉鬧，影響幼兒園午休。

上述畫面毫不陌生，都是校園日常，對低年級小朋友來說也是司空見慣。這些爭執或吵鬧不休其實是可以避免的，大家都可以清心淨耳過好日。於是，藉著這天的連續事件，我跟小朋友討論了幾件事。

首先是「禮貌的距離」。我跟小朋友說：「排隊碰觸惹糾紛，禮貌距離避紛爭。」小朋友很好奇，什麼是禮貌的距離？我說排隊時，和前後的人保持半個手臂的距離，這就是「有禮貌的距離」。半個手臂的距離不會讓人感覺太過疏遠、產生尷尬，但也不會因為太靠近而讓人感到不舒服。如果人人在排隊時能注意，保持有禮貌的距離，不會碰觸到別人的身體，就不會產生誤會。

同樣的，說話也要保持「有禮貌的距離」。你進教室有話要跟老師或同學說，應該走到對方面前，差不多半個手臂的距離再開口說話，這樣便不需要扯開喉嚨成為大聲公。同理，分組討論或下課嬉戲，彼此保持有禮貌的距離，既尊重他人也保護自己。

我們模擬練習，再對比前後感受，小朋友說，有禮貌的距離原來是有道理的。

接著，我拋出問題：「什麼行為表現可以建立別人對我們的好印象，讓自己交到好朋友呢？」小朋友有眾多發表，例如「同學沒帶文具用品時借給他」、「同學跌倒受傷時帶他去健康中心」、「同學難過的時候安慰他」、「同學功課不會時教他」等等。

我說這些當然都是好方法，大家都有體貼的心。除了用同理心和別人互動，還有一個好方法，讓我們不用刻意經營便能有好人緣，那就是「腹有詩書氣自華」。

讀書帶來的知識基礎、內在涵養，讓我們遇到事情時有判斷力，會用合宜的、適用的方法解決問題。就像繪本《狐狸愛上圖書館》中，小老鼠對狐狸說的「讀書，會讓你有好點子。」這樣一舉例，小朋友便懂了。

同學在體育課時哭了，如果上課中老師已有處理，你回到教室發現他沒事了，便不需要大聲喧嘩公告周知，一來讓對方尷尬，二來原本已經靜心準備上課的同學因這聲大呼小叫而分心分神。「譁眾取寵」或扮小丑的方式吸引他人注意，通常是反效果但你不自知。

而凡事「隨心所欲」容易造成自己及他人困擾，甚至波及父母，讓父母難堪難過。例如飯後不潔牙，上課分心講話，在不對的地方、不對的時間嬉鬧……隨心所欲常樂極生悲，所以約束自己的心很重要。

或許這世代比較自由，小朋友們大多隨興，不拘泥小節，忽略禮貌。但也因為這樣的不拘小節，更容易造成誤解或意外。機會教育很重要，讓小朋友時時練習保持「有禮貌的距離」與自律。

有天我在廣播中聽到，在矽谷工作的台灣工程師問美國小學一年級的老師：「你們在學校上些什麼課程啊？」工程師原以為美國老師會回答英語、數學、科學之類的學科，沒想到美國老師說：「我們教小孩溝通與協調。」

這一段話讓我很有共鳴，有不謀而合之感。在班級中我常跟小朋友談人我之間該如何相處？何謂溝通、何謂協調？人我之間為何需要溝通協調？七、八歲的年紀很「自我」，常都以為自己對、別人不對，因此在團體中更需要學習溝通與協調。何謂溝通，就是在團體中互相表達自己的想法意見；何謂協調，與人意見相左或發生問題時要如何解決，好讓事情圓滿，這就是協調。

班級裡時不時的爭執糾紛，仔細剝開來看都是些雞毛蒜皮的事，「他說我……」「我沒有，你才是……」「你弄我……」「我哪有，你以前也……」。小一點是口角，大一點就變成生氣爭吵互相控訴或出現肢體動作，因此，引導小朋友如何好好說話，以禮相待，與人和諧相處，遇到爭執該用何種方式解決等，一直都是我所重視的班級經營重點。當然，小朋友也不是講一次兩次就聽懂並能實踐，脾氣衝動者時不時擦槍走火；說話太快，未經思考就出口傷人的事也常反覆發生。

我是怎麼看待這些事情的呢？禮貌比分數更重要，說好話比考高分更該學習。教導就是我的責任，孩子在這懵懂的年紀，很需要師長父母為其建立正確的價值觀。因此，耳提面命、不厭其煩、機會教育、循循善誘，甚至小小的恫嚇都是策略。

我相信，好的教育必然是寬嚴相濟，賞罰分明；好的老師也必然是管教同步，嚴慈並存。日後，孩子再多讀一些書，再多經歷一些事，再多接觸一些人，也就會明白，我所反覆強調的其實是如何的苦口婆心。

平日，我希望小朋友回家後能分享在班級中的師生互動情形，一方面是創造親子互動話題，二方面是讓家長知悉孩子在學校「做些什麼、學些什麼」。這些都是我在班級中為孩子們形塑正向人格與建立正確價值觀的努力。

有趣的是，這天聯絡簿寫「溝通協調很重要」，因為是一年級抄寫注音，有個小孩寫成「溝通ㄏㄨㄟˊ條很重要」，家長回覆「老師抱歉，沒看到溝通回條，可否補發一張？」

這就是小孩，偶爾令人啼笑皆非的小孩！

曾有則令人痛心的新聞報導，桃園某高二女學生在管樂社團中因看不慣某些幹部對學弟妹頤指氣使卻不教導其樂器技巧，於是她出聲糾正，卻引來這群幹部的集體言語攻擊，這女學生說她只想做對的事，最終過不了情緒這一關而跳樓輕生。為人父母者怎能承受失去愛女的痛！更可見，好話一句三冬暖，惡言一句六月寒，尤其現在各種社交平台活絡，孩子進到校園長時間的團體生活中，同儕之間近距離接觸，該如何溝通與協調，實在是功課之外應該要好好學習的課題。

4

幫助孩子看見自己的過錯
——態度與價值之四：「知錯改過」

幫助孩子看見並承擔自己的過錯，是我的責任，再下一步還得與孩子討論如何承擔責任與避免重蹈覆轍。教養路途漫長，我教學二十多年的深深感受是，把孩子教養好，便是父母師長對社會最棒的貢獻了。

有天早上我導護巡視，回到教室發現有一小小悲劇：A與B兩孩子一早進到教室便開始嬉戲，並沒有安靜閱讀，雖然知道晨讀是每日之始，但兩人一時興起，互揮互打互鬧。A的手上拿著鉛筆，B也無所畏懼的勇往直前，結果是B的手掌被A的鉛筆刺到，產生一個小傷口，所幸消毒上藥後並無大礙。我想著這事原本可以避免，不應該發生，但為何還是發生了？原因在於「沒有自律」！

有誤會要澄清，有糾紛要處理。而處理小朋友爭執最常見的畫面是習慣性推諉責任。A說B不對，B說都是A先如何，鮮少先說自己。把過錯推給別人，是自我保護的方法，大人會如此，小孩尚在學習判斷是非觀念的階段亦是如此，因此我們可以同理；但重要的是必須透過「教養、教育」的方式建立孩子正確的價值觀。

人非聖賢孰能無過，可怕的是「一過再過」，最後是不覺得自己有過，影響自己、繼之傷害他人，更是可以預見的後果。

我的觀念或許古板，但我認為老師的責任是在必要時刻教育及制止，愛的教育無效時便要有鐵的紀律。每個孩子心性不同，有的孩子提醒有效，有的孩子小小處罰會怕，有的孩子威脅利誘加嚴懲才有效果，因人而異，但總要想方設法讓孩子知道是非對錯。老師必須與孩子不斷的對談，強調所教導的信念，一談再談，不厭其煩，讓正確的價值觀深植孩子的內心，再內化成合理的舉止表現。家庭亦然，我也一而再、再而三的與家長溝通分享，希望家庭教養與學校教育同步。

處理糾紛時，我會先請當事人把事情經過寫下來，有小朋友說是寫「自白書」或「悔過書」，這些名詞太嚴肅也太八股，我說這是「真情告白」。什麼是真情告白？把「實情」寫出來，寫出事情發生經過；把「真情」寫出來，記下自己的心情感受；把「親情」寫出來，站在父母的角度想，父母會如何看待，又會有何感受。

寫真情告白有幾個好處，首先是緩和情緒。爭執時彼此都有情緒，學生有，老師也有，怒氣之下沒好話也容易衝動，讓學生把事情經過寫下來，可以緩和情緒，和自己內心對話。再者，對照雙方所寫，幫助釐清來龍去脈。不過學生很難一次到位寫清楚，常要在來來回回的師生對話中才能還原事情面貌，學生才能認清自己的作為，進而辨析對錯。

整理釐清事情後，我問學生該如何處理後續，他們便會自己商量對策，討論出師生都可以接受的結果。有的人保證不再犯，我可以信任接受，不一定需要處罰。有的人會給自己一些適度的小懲罰做為提醒，也很好，對錯好壞自己承擔。

這真情告白簽名畫押後由我留存，若再犯錯時拿出過往親筆所寫，有憑有據，學生無所遁逃。更有趣的是，孩子長大後開同學會，我拿出無傷大雅的白紙黑字，總成了聚會笑談的話題。

這「真情告白」也等同記敘文寫作了，爭吵要寫出彼此說了什麼，這是寫對話；動手動腳要寫出表情動作；事件過後要寫對錯想法。「對話」、「動作」、「想法」三者已經將記敘文要素表現出來了。既然糾紛已產生，就來一魚多吃，化解事件也練習寫作吧！

「師者，所以傳道、授業、解惑也。」這句話放在現今更顯價值，尤其是傳道與解惑。又，真正的聖人才能用仁慈感召眾人為善；若不是聖人，只好用嚴厲的方式維持安定。在班級裡，我會希望在孩子可塑性最高的階段教之雕之塑造之，否則年紀漸長、年級漸高，想要約束已然太遲且效果有限。

因此，孩子犯錯時，我會嚴正看待，我也跟孩子和家長說，若感受到老師的嚴格時請見諒。在學校在班級領受嚴格的教導，養成自我約束並尊重他人的觀念態度，才不至於日後懊惱悔恨，因為，師長的嚴厲是另一種慈悲的展現。

幫助孩子看見並承擔自己的過錯，是我的職責，再下一步還得與孩子討論如何承擔責任與避免重蹈覆轍。我能欣賞孩子的活潑與好動，但失去準則而變成調皮、干擾或傷害，便不得不正視並糾正之。孩子說小也大，教養路途漫長，我教學二十多年的深深感受是，把孩子教養好，便是身為父母師長對社會最大的貢獻。

想起一件往事。高年級學生利用午休到圖書館當志工，應是好事一件，但女生玩心一起，搶了男生的鉛筆盒，兩人開始追逐搶奪，女生從男生的鉛筆盒拿出美工刀不還他，男生喊著「還我啦！」手伸過去要搶回時，誰知美工刀出鞘就往虎口下去了，後續血淋淋的畫面不再多說，護理師和學務主任過去處理時都嚇壞了。女生泣訴「我不是故意的！」當然沒有人是故意的。千金難買早知道，早知道應該要自我約束，不是嗎？

三歲看小，五歲看大。教養不可不慎！為人師者，幫助孩子知錯並改過，這一定要！必要也重要！

5 東西，夠用就好！
——態度與價值之五：「生活問題處理」

失物招領的籃子裡總有數不清的鉛筆和橡皮擦，很多小朋友掉了文具也不知道要來找回。也常有文具貼上姓名貼，但依舊找不到小主人，當小孩對生活無感，姓名貼再多、再可愛、再吸睛都無用。

每年八月底，老師們會採購學用品做開學準備，其中有一項「姓名貼」是老師們團訂熱門商品。每一個學生有一份姓名貼，簿本、學習單、各式表單發下去時，人人撕下一張寫著自己姓名的貼紙，順手往上一貼就好了，老師不用再三提醒「請寫名字」，也不用擔心失神的孩子忘記寫名字而讓簿本卷冊找不到小主人。

姓名貼五花八門，圖樣色彩繽紛，很是吸引人，但我從未跟風訂購，我的想法是「手寫姓名更有溫度，東西夠用就好」。

每個孩子的姓名都代表著家人的祝福與期望，若問小朋友知不知道自己名字的涵義時，許多小朋友只會說因為爸爸姓什麼，所以他跟著姓什麼，或說家中兄姊名字裡有什麼字，他的名字跟著取一樣的字，其他就一無所知。

在家庭功課的小日記中，我時而指定題目，時而開放自由書寫，但當中我必指定一個主題，就是「我的名字」。小朋友回家要請教長輩關於自己名字的事：是誰為我命名的？這個名字有何特殊意義？爸媽對我的名字有何想法與期待？透過這項作業，小朋友在與家人互動對談中，更加認識自己，也使親子情感更緊密。

「我的名字中有一個『恩』字，因為爸爸媽媽希望我學會感恩。」

「我的名字是阿公取的，阿公算過筆畫，說這樣的筆畫很好，讀書會很順利。」

「我的名字是碩賢，碩是巨大，賢是有才華，爸爸媽媽希望我很有才華。」

「本來爸爸想給我取『豆花』，因為豆花很好吃，別人看到『豆花』這名字也會哈哈大笑，但是媽媽說女生取『豆花』太誇張，就給我取『軒毅』，爸爸媽媽希望我很有毅力，遇到困難不要放棄。」

透過和家人交談，小朋友更了解自己名字的意涵。我跟小朋友說，名字代表自己，也承載著家人的祝福，各式表單簿冊發下時，每個人就應該手寫自己的名字。寫名字不用一分鐘，比起從書包中翻找出姓名貼紙撕貼，手寫名字並不花時間，也是對自己的看重。因此，我們不做姓名貼。

在期初家長座談會或新生家長座談會中，我也會提出這樣的想法跟家長說明，任何簿本單冊，手寫名字更有溫度，也是自我負責的第一步，是孩子對這張學習單、考卷、通知單負責，因為是「我的」。

東西夠用就好，姓名貼也可以自製，買自黏性標籤，讓孩子寫上自己名字。一年級小孩更可以讓爸爸媽媽握著手，學寫、學認自己的名字，再貼在文具用品上，一樣有標示物品小主人的功能。家長都能認同也表示，這雖是生活細節，但他們從未想過，原來「寫名字」這件事就是在建立孩子的態度。

有的小朋友或家長說，已經在外面做了姓名貼或姓名印章了，怎麼辦？我說沒關係，每個家庭都有親子互動的方式與內容，已經做了姓名貼和印章這也是好事，相信當下小朋友都很欣喜擁有專屬自己的小物，重點是能不能發揮實用價值。

例如，把姓名貼貼在文具用品上，當東西遺失時，撿到的人能根據上面貼紙的名字找到主人歸還。不然，失物招領的籃子裡總有數不清的鉛筆和橡皮擦，很多小朋友掉了文具也不知道要來找回。也常有文具貼上姓名貼，但依舊找不到小主人，因為上頭是花花綠綠的二、三十個姓名貼，因為小朋友拿來彼此交換。家長常納悶文具跑哪去了，總是不時得補充。當小孩對生活無感，姓名貼再多、再可愛、再吸睛都無用。

又如，許多班級會添購直立式衣架，或有熱心家長主動表示能提供衣架讓小朋友掛衣物，尤其是秋冬時的外套。一個班級將近三十個學生，要買一個能掛三十件外套的衣架，這個衣架體積必定不小，在教室裡會變成龐然大物。而夏季時，小朋友衣物精簡，這個衣架便會顯得多餘且占空間。

我跟家長溝通說明我的想法，教室裡希望盡量能保持寬敞空間，有方便進出的動線，視覺上舒適，使用上也不覺得擁擠壓迫。有沒有衣架不是重點，重點在於小朋友能不能學習妥善處理自己的物品。因此，課堂上我們也好好討論了如何處理衣服這件事。

天冷時小朋友自是穿著較多衣物到校，到了教室，不太怕冷或想讓手腳活動方便的人會將外套脫下，要如何處理脫下的衣物要有判斷力。不同季節、不同厚度的衣物，或是對冷熱感受不同的人，對外套的處理就有不同的因應方式。

小朋友討論很熱烈，並提出幾項具體做法。

春天、秋天穿較薄的外套，可以摺好放書包，因為薄外套不占空間。又因為春秋兩季沒那麼冷，如果把薄外套放在教室後的置物櫃，可能放學會忘記帶回家，若放在書包，放學時整理書包會看到裡面的外套，這樣就不會忘記了。

冬天穿大外套，掛在椅子上或放在書包裡很占空間，可以摺好放到教室後頭的置物櫃，置物櫃空間大，座位看起來也能乾淨清爽。

不想將衣服放在置物櫃，也不想放在書包內，冷了就想穿或是午睡時想蓋在身上保暖的人，可以把衣服掛在椅子上，這樣看得到、隨時可用很方便。

小朋友提出的解決之道很實際，接著，我們再討論「衣服要如何掛在椅子上？」小朋友之間偶爾口角是抱怨坐在後頭的人踩髒前座同學的衣物，於是我建議及示範，將衣服轉個方向掛在椅子上。若是順著椅背掛，衣服垂掛在椅子外側，後座同學的腳容易踩髒前座同學的衣物；如果反掛在椅背，衣服垂掛在椅子內側，不會被後座的人踩髒，若衣服掉了也是掉在自己的椅子上，不是掉到地上。

練習一兩次之後，大家都能為自己的衣服做最好的安置。捨棄衣架，教室多出的空間更顯舒爽。衣架不是重點，思考衣服吊掛收納方式，才是小朋友建立生活態度與學習處理問題的好機會。

東西，夠用就好。儘管在物質豐裕的時代，我們很難窮養小孩，但合理的匱乏能訓練孩子獨立與負責，東西夠用就好！

6

向老子學習班級經營
——態度與價值之六：「自律」

老師適度放心放手有必要，孩子們做得到嗎？絕對可以！小孩不想人管，那麼，自我管理就對了！老師可以管得少，管得好，看似不管，其實是管理技巧的運用，師生身心都更自由輕鬆。

老子的「無為而治」是道家的治國理念，雖是老子對君王的告誡，但我覺得用在班級經營上也有異曲同工之妙。

老子認為：「法令茲彰，盜賊多有。」法令限制太多，不守法令的盜賊也愈來愈多。我認同，若班規禁令多如牛毛，學生記不住等同沒有班規，做亂做怪情事多。老子又說：

「我無為而民自化。」我不偏私，人民自然能教化。我也認同，若能以誠信公正的準則帶領班級，學生也能被感化。老子強調無為而治，並非什麼都不做，而是不做過多的干預。我希望自己的班級經營也是如此，激發學生良善本能與創造力，走向自我實現。

一度，學校在進行機器人實驗課程，尚未全校實施之前，只有幾個班級試上。當時我的四年級班級尚未進行機器人課程，但我對這項課程十分好奇，想著是否能把《荒野機器人》這本少年小說帶進課程中，讓小朋友藉著課程便車，開展相關閱讀經驗。

這天是星期四，晨間活動是延長閱讀時間，各班從七點五十分到八點半，有四十分鐘的沉浸閱讀，而某些班級也利用這個時間進行機器人課程。

我想去觀看機器人課程，我揣想我離開教室後，教室裡只有學生，學生會不會趁我不在時做怪做亂？俗諺有云：「山中無老虎，猴子當大王。」其實，我不擔心，我採信任原則，但也先對學生信心喊話與曉以大義。

老師——我想到會議室去看四年四班上機器人課程，這段時間我不在教室，小朋友知道這段時間是做什麼嗎？

學生──閱讀時間。

老師──對，一直到八點半，有四十分鐘的閱讀時間。閱讀時間該做什麼？

學生──安靜閱讀。

老師──對，大家都很清楚，閱讀時間就是安靜閱讀，讀累了，伸伸懶腰、動動筋骨是OK的，讀完了一本書，走到圖書櫃換一本也是需要的，但若你心裡存著這樣的想法：「嘿嘿！老師不在教室，太好了！我可以做點『特別的事』。」那麼，你就是不懷好意了。不懷好意對安靜閱讀的同學是一種干擾。

但若你真的坐不住，想起來走動，想找朋友聊天，想搞笑搗蛋，我也可以體諒。那麼，不如你跟我一起去看機器人課程，省得我回到教室時看到不應該出現的畫面。（我誠心請學生想想，是否想清楚自己該做什麼？要做什麼？）

有沒有人要跟我走？在不懷好意發作之前，我們先滅火。（學生無人舉手。）

需要請宥宇出來幫忙管理秩序，登記走動、說話的人的號碼嗎？

學生──（齊聲說）不需要。

老師──太好了！我想宥宇也想好好看一本書，說真的，白板上登記違規號碼，看了真是不太舒服。

你們清楚自己的本分，真是太好了！我對你們也很有信心，祝各位閱讀愉快。

於是，我去了會議室，留下教室裡無老師看管的自主閱讀的學生。一踏進會議室，研究處珮貞主任看到我便說：「惠貞老師妳來了，貴班有人看著嗎？需要請實習老師過去幫忙嗎？」我說：「不用，他們可以自理。」珮貞主任不放心，再次詢問是否要人力支援，我老神在在強調不用。

觀課完畢，回到教室，我看到的景象就是那麼如常的畫面，人人安靜閱讀。我大力稱讚學生優秀自律的表現，並且把剛才珮貞主任和我的對話轉述給他們聽，讓孩子們也自我肯定。孩子們，教室不是監視管控的場所，而是實現自我的地方。

再有一次，我要去看校內舉辦的機器人班級競賽，這是要選出班級以代表學校參加全市比賽。這天恰巧是星期五，晨讀十分鐘完畢後就是升旗時間。

老師——我想到禮堂去看機器人比賽，晨間閱讀之後就是升旗，你們要自己去操場，知不知道該怎麼做？

學生——整隊到操場，唱國歌、國旗歌，聽主任和導護老師說話，可能還有頒獎。

老師——很好，你們都清楚。唱國歌就大聲唱，老師們說話就眼神支持、專注聆聽，頒獎可能有點無聊冗長，但你們要學習等待、學習忍耐。

有沒有人不知道等會兒該做什麼？或是行為會失控的？如果對自己沒有把握的人，沒有關係，老師可以體諒，那就跟我一起去看機器人比賽。（無人舉手。）

於是我放心的離開教室，去了機器人比賽場地。研究處芳鈴老師一看到我便說：「等一下不是升旗嗎？你們班有沒有老師？要不要請實習老師過去幫忙看著？」我說不用，學生可以自理。行政夥伴還是很熱心的自告奮勇要到操場幫忙看顧，我說不用，學生知道自己該做什麼，不用擔心啦！芳鈴老師還是不太放心的跑到操場瞄一眼，回來對我說：「你們班真的很乖。」

我安心的觀看比賽，我的學生在操場參加升旗。回到教室後我問學生：「剛剛升旗都好嗎（意思是有沒有人出亂子）？」學生說都很好，我大力讚美學生優異的表現。

其實班上有不少跳Tone的孩子，也有坐不住總是要動來動去的「爬蟲類」，但透過老師的激勵性話語、肯定的目光，孩子對自己也是有期待的，他們知道舉手跟老師走出教室挺不好看、挺沒面子的，也就轉換成激發自律的動力了。老師適度放心放手有必要，孩子們做得到嗎？絕對可以！孩子都不想被管，那麼，自我管理就對了！老師可以管得少、管得好，看似不管，其實是管理技巧的運用，師生身心都更自由輕鬆。

7

人人都是「懂」事長

——態度與價值之七：「觀察判斷」

你應該要當「笑長」，微笑為你帶來好人緣，微笑讓你做事更順手，微笑讓你有好心情。

你應該當「懂事長」，凡事觀察、凡事思考、凡事判斷，知道什麼該做，什麼不該做，盡量不讓父母師長為你操心。

你應該當「執行長」，從做中學，養成動手做的習慣，發揮執行力。

選舉班級幹部來管理班級事務，是班級自治重要的項目之一，學生在班級幹部的職掌與服務中培養做事能力，也體驗民主的真諦。

念高中的女兒跟我說在班上，選舉班級幹部困難度很高，許多人覺得多一事不如少一事，又或者不必處理班級雜務可以將心力投注在課業上。小學生可就不一樣，小學校園裡的班級幹部隨著年級不同有各異的面貌。低年級小朋友對班級幹部最踴躍、最熱中、最期待，人人都想當個「長」。隨著年級增長，選舉班級幹部熱情消退，一方面是擔心管理同學傷感情，再者高年級學生很「怕麻煩」。

班級幹部中的熱門職務是班長或風紀股長（或稱糾察幹事），小朋友對能夠「記名字」這件事感覺很威風，一筆在手，全天下都掌握在手中。白板上記滿的各式「✕」：「不乖」、「講話」、「走動」、「回頭」、「作業缺交」、「習作未訂正」等的負評項目，底下再掛著號碼。有些被登記到的小朋友開始埋怨：

「我又沒怎樣，為什麼記我？」

「吼！不公平，他也有講話，你就不記他、只記我。」

「班長最那個了，永遠不會記他的好朋友……」

責任感重又玻璃心的孩子對班級幹部的職位因而心生畏懼。

每個老師都有班級經營的見解與做法，能站在「以學生為學習中心」的模式出發，都是良善的班級經營之道，沒有固定的操作模式，也沒有好壞之分。在此純粹分享我個人的想法與做法，非關評論優劣。

老師為了訓練小朋友的責任感與榮譽感，會選舉及訓練班級幹部。此外，為了公平，為了不讓家長或孩子之間互相比較，為了人人都能當「長」，老師得絞盡腦汁，想出各式各樣的職務，讓班上人人都是「長」。

除了大家熟知的班長、風紀股長、衛生股長、康樂股長、學藝股長、排長、小組長之外，我聽聞過許多五花八門、別出心裁的「長」。

「國語簿長」專責收國語簿；依此類推，還有數學簿長、英語簿長、自然簿長、社會簿長或是各類習作長。

「關門長」負責放學時關門；「電燈長」負責在全班到科任教室上課或戶外體育課時關教室的電燈；當老師要用單槍設備時，「投影機長」協助拿遙控器開電源；「麥克風長」是幫老師遞上麥克風的小幫手；「桌椅長」在下課時檢查小朋友有沒有靠上椅子。

此外，「晨讀長」要在晨讀鐘聲響起時，對大家說：「晨讀時間開始，請大家看書。」「倒數長」在上課鐘聲響起後倒數秒數，倒數結束後，再由「登記長」把尚未進教室的同學號碼記在黑板上。

更甚者，「聞手長」要聞聞看小朋友洗手是否用香皂洗乾淨；不可思議的還有為垃圾袋打結的「打結長」，或是「左窗戶長」、「右窗戶長」、「前門長」、「後門長」等。

我個人覺得好多好多的「長」，除了令人眼花撩亂之外，也失焦了「班級自治」的意義。試想，鐘聲響起，若沒有晨讀長的提醒，小朋友就不知道閱讀時間開始，就不閱讀了嗎？洗手是為自己的健康把關，還要請同學聞手，感覺畫面有點滑稽。

在班長共同口令下：「請組長收作業。」大家好像工廠作業員，一個口令一個動作，這變成一種制約。

班級經營上，我希望朝「無為而治」的理想邁進，養成學生「覺察環境」、「主動出手」的自發性行為。

經營一個班級之始，我和學生討論也訓練了班級事務的運作模式。一早進到教室就是晨讀的開始，讓閱讀自然而然開展。晨讀結束的鐘聲響起，這是交作業的時刻，人人在自己的座位上把要繳交的作業簿冊都翻開到要批閱的那一頁，走到教室前方的大桌子，看著第一個人放置簿本的位置，眾人依序放好。沒帶作業簿的人要主動告知老師原因，並約定可以補交的時間。

「在座位上就把簿冊翻到要批閱的那一頁，再走出來擺放」，這雖是小動作，卻是重要的細節。如果大家拿著三五簿本聚集在教室前頭，好整以暇的慢慢翻、慢慢看、慢慢放，不僅擁擠阻塞，整個班級秩序也顯得雜亂。做好準備再走出來，養成習慣，小細節可以成就大未來。

若要交回學習單或通知回條，先出來的人會自動到置物櫃拿一個空籃放置，後面的人便可依序繳交；坐在窗戶邊的同學，放學了，就該是你順手關窗，而不是留待「窗戶長」來關；要上戶外體育課時，坐在電源開關旁的同學，就是你要隨手關掉電源，並不需有人扯開喉嚨喊著：「關燈長，你快點來關電燈啦！」

聽到上課鐘響，大家從校園四面八方魚貫進入教室，平息呼吸進入上課情緒，在在都是態度的表現，無須出現「五四三二一」的倒數計時，我認為那不是優美的聲音，反倒破壞了教室裡應有的寧靜。

我喜歡教室裡有一種從容不迫的自在，我訓練學生要有觀察環境的能力，及自我提醒與實作的動力。

我的班級仍有基本的班級幹部項目，如班長在集會時整理班級隊伍，協助班級事務；衛生股長在掃除結束之後，協助巡視整體環境，提醒需要加強的同學；糾察股長負責協助管理班級秩序。這些班級幹部會在期中換血一次，盡量以當過者不再重複為原則，好讓人人都能有機會為班級服務。我跟學生說，班級最優質的表現，就是班級幹部都失業，都無事可做，因為人人自律。

我說選班級幹部是很簡單的事，除了基本的項目之外，人人都是長，也必須、一定要擔任「長」，但不只是一個「長」，而是一口氣當三個「長」，也就是「三長」，三合一的長。古代以「三」代表多，現代流行三合一的咖啡或茶包，一次到位。要當長也要三合一，一次就定位，這三合一的長就是「笑長、懂事長和執行長」。

校長是主持一校事務的領導人，小朋友對校長都很敬重；董事長是公司業務的最高執行人或是創辦人；執行長CEO是大企業集團裡的最高行政負責人。當我們聽到此人頭銜是校長、董事長或執行長，都會投以敬羨眼光，知道此人有崇高社會地位，有不凡工作能力。取這三個長的諧音，孩子，你可以是「笑長、懂事長和執行長」。

你應該當「笑長」，微笑為你帶來好人緣，微笑讓你做事順手，微笑讓你有好心情。

你應該當「懂事長」，凡事觀察、凡事思考、凡事判斷，知道什麼該做，什麼不該做，盡量不讓父母師長為你操心。

你應該當「執行長」，從做中學，養成動手做的習慣，發揮執行力。

這樣三合一的長人人都要當，人人都是長。

我和學生常有討論，積極事先疏通勝於事後消極處罰。舉例來說，當老師不在教室時，小朋友通常較為吵鬧，或明知該安靜的時候卻走動或喧嘩。我們討論原因為何？當下為何？後果為何？

小朋友說因為老師不在教室，「大人不在，可以輕鬆一下」。都說些什麼呢？小朋友深究之後發現不外就是下課去哪裡玩？這一題怎麼寫？某某東西借我，或是想到什麼好笑好玩的事，其實沒那麼重要。這樣一說不可收拾，可能變成訕笑打鬧，最終受罰。有得到好處嗎？並沒有。

我說教室裡不是不能說話，而是說話的質量，生來一張嘴就是要表達要溝通的。老師不在的場合，你發揮「懂事長」的判斷力，知道此時該做什麼事，結合「執行長」的執行力，自由閱讀或先行翻閱課本；若真有必要說話，便輕聲細語，用你和對方聽得到的音量說，那是沒問題的，也不會造成干擾。人不是為了避免受罰而不做某事；是通過思考與判斷才做出決定，因為你說的話、做的事，都是為了讓自己成為更好的人。

爸爸媽媽開車會遵守交通規則，爸媽不是看到警察站在路口，才知道紅燈不能右轉；爸媽也不是因為警察站在路邊，才知道不能超速或闖紅燈。這都是自律，心中自有法條自我規範。

學生說，紅燈右轉會讓綠燈直行那一側的人很緊張，因為沒想到會有車子轉過來；還有人說，紅燈右轉的人如果看到警察剛好就站在轉彎處，會覺得自己很倒楣，因為會收到罰單，但那是自找的。同理，不是老師離開教室就可以眾聲喧嘩，你知道分寸之間。

人人都是三長，學習觀察與判斷，不是被告知與指派。班級經營最高的價值是自律、自我管理。人人都想要自由，不想讓他人管理，最好的方法就是自我管理，管好自己，方能得到充分的自由。

8

翻轉髒話，一念之間

——態度與價值之八：「說好話」

把髒話攤開在教室裡師生一起談，談開，也就沒什麼。

別人怎麼說我們或許管不著，但我們可以自律。不是我不會說，是我不願意說，因為我是讀書人。

小亞是個聰明精靈的二年級小男孩，總是蠢蠢欲動，想要嘗試不被允許的語言或衝撞規定，我覺得這不是壞事，是成長的摸索體驗。小孩有好奇心，與其防堵，不如疏通。有天他湊近我身邊……

小亞——老師，你教我講髒話好不好？

老師─台中過去就是彰化。
小亞─是英文的髒話，S開頭的。
這小孩學習外語也有三四年了，不會不懂「Shit」這字，先前還曾因為脫口而出被英文老師訓斥，但鬼靈精怪的大腦又不安分了。
老師─Summer。（我淡定的說，用冷笑話堵他。）
小亞─唉唷！是英文S開頭的髒話。
老師─Snake。
小亞─不是啦，是那個S開頭的啊！你應該知道的。（他鍥而不捨的想釣我上鉤。）
老師─Snoopy。（他被我逗得差點笑出來。）
小亞─那換一個，F開頭的。（挺有堅持力的小孩。）
老師─Family。（我老神在在。他對我沒輒，但又不死心。）
小亞─B開頭的。

老師—Book。

小亞—算了！（他自討無趣結束話題。）

老師—（我拍拍他的頭）話如其人，說好話，準沒錯。（模仿廣告，這句用唱的。）

孩子說粗野不雅的話，有時其實不大了解該句話的意義，譁眾取寵成分居多，「刷存在感」的目的居多，或是想要獲取同儕認同。

把髒話攤開在教室裡師生一起談，談開了也就沒什麼。小朋友知道髒話不雅，知道大人禁止小孩說，但他們在生活周遭還是常聽到大人說、青少年說、國高中生說。

我希望學生建立的態度是「知書達禮」，對隱晦不可明講的髒話，別人怎麼說我們或許管不著，但我們可以自律，可以自我約束。

不是我不知道怎麼說，是我不願意說，因為我是讀書人。

儘管如此，校園裡偶爾還是漂浮著髒話的氣泡。

空閒的夜晚，我會到清華大學健走運動，清華大學是國內頗負盛名的優良學府，自是讓我們對該校學生的品行也有所期待。某天涼夜，身邊走過三個面容清秀、自信洋溢且燦笑的女大學生，令我好生羨慕青春美好。她們手捧著書本，一邊走著笑著聊著，但開口說的話卻令我瞠目結舌。

「幹，剛剛那一堂課教授有夠機車的，幹，早知道不要選他的課。」

「幹，選都選了，認命吧！」

「以後實驗課要早一點到，他媽的，幹，不能太混了。」

聽著這三位女大學生把髒字髒話說得如此順口，如此家常輕鬆，我好驚訝，甚至是驚嚇，這裡是人人稱羨、窄門難進的一流國立大學，竟然不雅字語滿天飛飄！

返家後，我跟就讀新竹女中高二的女兒聊起這件事，女兒說我大驚小怪，她見怪不怪。女兒說在學校、在班上，說髒話的人不少，這非關成績優劣，不過就是一種常態。這讓我再度扶好眼鏡就怕摔破。真的是常態嗎？我不曾聽過女兒說不雅的話，真的世風日下，口德落敗嗎？女兒倒是肯定的說，像她這種不講髒話的人已經是校園稀有動物了。

校園中，小學生對所謂「髒話」好奇又敏感，年級愈高愈想衝撞。平日我會和學生聊聊日常所見所聞所感，隔天，我和二年級學生分享前晚在清大的見聞。當我如實複誦女大生的對話內容時，學生張大眼、提高音頻說：「吼！老師，你說髒話耶！」

老師——髒話不是我說的，我只是原汁原味還原昨天聽到的對話內容。對你們來說，什麼是「髒話」？（我也好奇學生對「髒話」的定義。）

學生——就是罵人，可是罵得很難聽。

學生——爸爸媽媽說不可以講髒話，那樣沒教養。

學生——那個字就是髒話。

老師——「幹」這個字嗎？當你們聽到這個字，感受如何？（我再問。）

學生——很難聽耶！

學生——很不舒服。

學生——感覺講的人要發火了，聽到會害怕。（於是，我們有了一番討論。）

老師——其實這些字或語詞本身不髒，有的人想要宣洩情緒或是表現權勢，或是羞辱別人，於是說出不好聽的字詞，帶給旁人不佳的感受。髒話人人都會說，只是要不要說，有沒有必要說。說髒話既然帶來不舒服的感受，我們就應該避免。

有小朋友提出，有的人會故意把「幹什麼」的第一個字講得很重，又辯稱自己不是在講髒話。藉此，我們討論到，平日說「幹什麼？」「幹嘛？」都有不耐煩的意味，學生問該怎麼說？我說就改成「什麼事？」這樣比較文雅。

當你要問別人在做些什麼時？以前會說：「你在幹什麼？」現在可以這樣說：「你在做什麼事？」

當爸爸媽媽喊你時，以前你總是說「幹什麼？」「幹嘛啦？」現在可以這樣說：「什麼事？」我們模擬情境練習一下，學生說「什麼事」真的好聽多了。

其實髒話人人會說，只是要不要說而已，讀書人不說。

某天，給小一新鮮人上課，這是他們到學校上課的第七天，一派天真無邪。我在操作電子白板時會慣性使用到中指，小朋友驚呼：「老師，你比中指！」我持續進行課程，也沒有收回我的中指。

一個教學段落後，我們討論「比中指」這件事。我問小朋友，老師是在用中指做事情？還是故意對別人比出這個動作？小朋友說老師在做事情。我說這就對了，手指頭是用來做事情的，中指就是五根手指頭裡最高最長的這一根。就像握筆時，由大拇哥、二拇弟和中指來挺筆。

寫字會用到中指，而且中指好重要，挺著筆寫字才能穩定，才有力量。中指很好用，不用大驚小怪。中指是用來做事，而不是刻意對著別人比畫，讀書人用中指做事，不用中指指指向他人。

學生都知道比中指代表不好的意涵，雖說看人不順眼時要調整自己，可是學生常知易行難，一個比中指的動作出去就造成誤會或紛爭。

我跟中高年級的學生說，大家常常聽到「翻轉教育」這個名詞，其實不只教育，中指也可以翻轉，「翻轉」都是想讓事情變得更好。因此，當你想比出中指時，不妨翻轉中指，改翻出大拇指，對方一定歡喜。想說「幹」時翻轉成「讚」，還可以繞大彎變成「感恩喔！」（台語版）。

「幹」與「讚」，一念之間，音近之間，翻轉效果卻大大不同，更可化干戈為玉帛，人人歡喜，更表現出幽默感與高ＥＱ。學生聽了都笑了，希望也把我的話聽進心裡去了。

孩子，你不是為禮物而來

——態度與價值之九：「愛物惜福」

孩子，你不是為加分而來，你不是為禮物而來，你是為學習而來。你說的話、做的事，都是為了讓自己成為更好的人，你是為自己成長而來！

有一次，大學部有四十位學生來觀課，那是一堂二年級的語文課。我以有效提問進行課文的內容深究及形式深究。課後進行議課，大學生們有一番提問與討論。

其中有人問到：「老師，您對學生提問時，學生發言及回答很踴躍，但我沒看到老師對小朋友有加分或扣分，請問貴班有加分扣分的獎懲方式嗎？」

這位大學生的觀察挺仔細的，發現我沒有請小朋友拿出加分卡來蓋章，而白板、布告欄也沒有張貼加分競賽海報，整堂課沒聽到我說加分之類的話語。

我是這樣回答他的：「適時口頭讚美從不吝嗇，但加分扣分不多，而且盡量簡化，最終希望沒有。」

我提點大學生們，新手來到課堂進行試教時，教學重點常放在獎懲。若有小朋友發表回答，試教老師會說：「哇！你好棒，恭喜第二組的吉祥物往上爬一格，其他組要加油喔！」接著，小朋友回答或參與熱烈，該組吉祥物往上爬升；答錯或失誤或觸犯規則，吉祥物原地不動或向下降。只見教學活動不斷的暫停或切割，各組吉祥物不停上上下下，小朋友歡呼聲或嘆息聲此起彼落，教學活動就失焦失準了。

我的教學信念在於，學生應專注在文本上，專注在學習上，而不是把重點放在加分扣分、組別吉祥物的上升下降。

獎懲機制不是不好，是適可而止，是畫龍點睛，但不應是課堂重點。

老師接手一個新班級，各種獎勵及鼓勵制度都是善意的，都是建立班級常規，形塑學生學習習慣的方法或歷程。但我希望物質性的、代幣性的獎勵要漸次削弱，取而代之的是社會性的獎賞，學生能在活動中與他人愉快互動，將對物質獎勵的渴望提升到促成自我滿足，由他律走向自律。

曾在暑假帶領一個台北市理財夏令營活動，我問了個稍難的問題，只有兩三個高年級模樣的學生舉手，我邀請其中一個男學生回答。小男孩帥氣的模樣表現相當程度的自信，但他一站起來便說：「老師，我想要知道回答這個問題後會得到什麼禮物，我再考慮要不要回答。」

當下我也不客氣的說：「請坐下，我不想請你回答了。你舉手是想要知道自己的回答是否切中問題，表達是否精準，而不是考慮物質報酬。孩子，你不是為禮物而來的。」

是的，孩子，你不是為加分而來，你不是為禮物而來，你是為學習而來。你說的話、做的事，都是為了讓自己成為更好的人，你是為自己成長而來！

孩子們有物慾，人之常情，有句俗諺說：「吃碗內，看碗外。」生動描繪出「別人的東西比較好」的心態。

小朋友之間常喜歡互相借用學用品，或互相比較誰的東西比較好，是真品還是盜版。校園中常可聽到學生間有類似對話：

「你這枝筆又不是○○牌。」

「我這個鉛筆盒是在日本買的。」

「我的水壺是在迪士尼買的。」

「我這雙鞋子是某名牌，我這件衣服也是某名牌。」

二〇一八年世界盃足球賽盛事，各大運動服飾廠牌和許多國家代表隊合作推出球衣，小朋友也趕上流行穿搭，校園內儼然成了小小聯合國，還有學生以追逐明星球員的個人品牌為榮。針對「名牌」這件事，我和學生也有諸多討論。

我跟學生說，鞋子有沒有打勾的品牌不重要，舒適好穿更實際；衣服有沒有三條線的品牌也不重要，乾淨整齊給人好印象。你在意的是鞋子有沒有打勾，還是希望能在考試卷習作上多幾個寫對的勾？你關注的是衣服上的三條線，還是不要在學校闖禍鬧事，避免讓爸媽臉上出現三條線？

某些時候若我穿有皺褶設計的上衣，朋友會說：「這名牌耶！」我說不是，是類似的布料及剪裁，但平價好穿。又有一次，我拿著一個印有巴黎鐵塔的手提包，一同參加研討會的朋友提高音調的羨慕我：「這是從巴黎旅遊帶回來的名牌包吼！」我說不是，巴黎沒去過，新北市八里倒是造訪過幾回，這是朋友參加縫紉班分享的手工作品。

我拿的穿的只是普通衣物配件，為什麼別人會認為那是名牌貨呢？我想這是一個人所散發出來的自信。我穿平價衣物舒適自在，我也常用機關團體或活動贈送的免費背包提袋或水杯水壺，鞋子偶爾也有小破洞但還能穿，餐廳用餐附贈的筆也很好寫。實用好用，對我而言，這就是名牌，這也是大人的身教。

孩子，能用的東西就是名牌，穿在你腳上、身上，乾淨舒適的衣物就是名牌，你有自信，自身展現出來的光采就是名牌。名牌是自己賦予的，而不是商標的加持。

10

幽默，讓師生都笑了
——態度與價值之十：「正向轉念」

有人說，人的童年一生一次，媽媽多一次，老師多好多次，我想這就是小學老師這項職業獨特且具魅力之處。現代人面對壓力要能紓壓，老師也是一樣，想輕鬆面對瑣碎班級事務與沉重備課壓力，幽默是良方。

我服務的學校，多數家長在新竹科學園區服務，置身高科技高競爭產業，承受巨大的工作壓力。因此，園區人常被笑稱有三大特色：吃不下、睡不著、笑不出來。

相對來看，我覺得從事教育工作是一件福氣的事，校園通常有很多的樹木花草，空間也比一般公司行號來得寬廣，這樣的工作環境很迷人。雖然盛夏沒有冷氣頗為燠熱，但流汗排毒不是壞事；加上校園裡的主角是學生，小學生天真活潑，是有情有義有血淚的人兒，不是冰冷的機器，因此，人們總說和小孩相處可常保年輕。更有人說，人的童年一生一次，媽媽多一次，老師多好多次，我想這就是小學老師這項職業獨特且具魅力之處。

情緒穩定的老師才能教出情緒穩定的學生，因此，老師在學校也要身為表率，表現成熟個性與平穩性情，師生相處氣氛將更和諧。既然工作上班占去日常生活很大比例，若能把上班當做樂趣，工作效率必高，心情必愉快。現代人面對壓力必須紓壓，老師也是一樣，想要輕鬆面對瑣碎班級事務與沉重備課壓力，幽默是良方。

如果小朋友上課時實在是太離譜了，例如自顧自的說話，或呼朋引伴開講影響秩序，或是作業不完整需要下課時間補寫，或生活常規有待提點加強的，我會找學生來談談。若我說：「這節下課你來找我吧！」中高年級學生會誇張的哀號一聲：「喔！不！」我也會誇張的稱讚他：「優秀！請你別下課，你還大方的說『喔！Good（諧音）！』全班哈哈大笑，被留下的人也哭笑不得的只好來找我報到了。有次，我想把平時測驗提前兩天。

老師——現在有兩個消息，一個好消息，一個壞消息，你們想先聽哪一個？

學生——（興味盎然）當然先聽好消息！
老師——後天的平時測驗取消了。
學生——喔耶！老師，那壞消息呢？
老師——測驗改到現在。
學生——（一陣哀號）喔不！
老師——喔！Good！太好了，大家都接受了。來吧！領考卷了。

「喔！不！」心情往下盪；「喔！Good！」心情指數止跌回升。

老師幽默，學生也可以學著將「不」改成「Good」，一念之間罷了，凡事更順利。老師的幽默感很重要，讓師生關係更和諧，也感染學生，輕鬆面對生活挑戰。

四年級上學期有一課課文是〈窮和尚與富和尚〉，改寫自清朝彭端淑所寫〈為學一首示子侄〉，是大家耳熟能詳的經典故事，窮和尚與富和尚都想到南海取經，路途遙遠，交通不便，自是艱辛。富和尚擔心自己準備不夠，遲遲未能上路，而窮和尚憑著一個缽和一個水瓶，靠著雙腳行走，一年多後回到四川，完成自己的夢想，並送了富和尚一部佛經，富和尚感到佩服與慚愧。

課文以故事敘述，十分淺顯易懂。我讓小朋友搭配讀〈為學一首示子侄〉原文。原文搭配著課文，並不難懂，讓學生讀古文的目的在於為升高年級做準備，學生要廣讀各種形式文章，感受古文的韻味與精簡的用字遣詞。

老師─原文中有兩段話寫的實用且優美，背起來吧！寫作或口語引用都能派上用場。

學生─（不誇張，全班幾乎一致的，異口同聲喊了好長一聲）蛤─ㄚ─ㄚ─ㄚ～

老師─優秀！請你們背，全班無異議的說「好（豪）！」太優秀！

學生─老師，你聽錯了，我們說的是蛤～

老師─我當然知道，還甩尾的餘音繞樑哩！

小孩，你們有沒有發現，這一聲「蛤」，讓事情變得困難，這是一種卸責。可是一聲「好」，就是一種承擔，事情也變得比較容易。不信我們來試試！

於是，全班一起「蛤～」，再一起「好～」，反覆幾次體會不同的情緒，再討論心情感受如何影響事情的可能發展，學生已能分辨兩者差異與優劣。

遇到事情先說「蛤～」，這常是教室裡一種「傳染的口語」，聽到別人「蛤～」，其他人跟著複誦。這聲「蛤～」可能是反射動作，也可能已經變成口頭禪而學生不自知。一聲「蛤」，氣勢就弱下去，態度也跟著消極；但一聲「好」，效果全然迥異。

有一次，六年級校外教學到陽明山擎天崗健走。面對一段好漢坡，我手比向高陡的步道說：「上去吧！」小朋友七嘴八舌：

「蛤～我腿軟了。」

「可以不要嗎？」

「蛤～我走不動啦！」

我說不得不上去，沒有討價還價的空間，因為遊覽車在山的那一頭等我們，不上去就坐不到車。小朋友們個個面有土色，想盡辦法用各種言語討價還價，看能不能少走幾步，少爬一段。

這時，我看到某個男孩衝到隊伍前面，大喝一聲「吼！」然後嘴裡唸唸有詞，一鼓作氣的往上跑。這孩子平日便頗有領導能力，其他人見狀也跟在後頭，一條人龍倏的爬升在好漢坡上，好有英雄氣概的畫面。

事後，我問領頭的孩子他當時喊些什麼，他說是《孟子》中的一段話：「天將降大任於斯人也，必先苦其心志，勞其筋骨，餓其體膚，空乏其身，行拂亂其所為，所以動心忍性，增益其所不能。」

天哪！真是令我佩服，這是我在中學時讀的古文，竟在已經很少讀經典文學的小學生口中聽到。他說爸爸讓他每星期都讀一篇《古文觀止》裡的文章，面對好漢坡當下他想到這一段，便以此激勵自己，沒想到同學也跟著被帶動。我拍拍孩子肩膀，表示欣賞與讚許，有這樣的態度，日後走到哪，這孩子都將有向上及迎接挑戰的能量。

「不」與「Good」，情緒轉換之間；「蛤」與「好」，卸責與承擔之別。孩子，希望你帶著幽默感與正向力量前行。

卓越與拙劣的距離
——態度與價值之十一：「專注專心」

注意力缺損與無法專注，是現代孩子的通病，也是家長焦慮之所在，更是老師擔心學生無法進入學習狀況的主因。老師要如何引導學生具體落實「專心」這件事呢？就從「眼神支持」和「大聲複誦」開始。

我任教的學校施行成績獎勵辦法中，訂定各班每學期總成績第一名獲得的獎項是「卓越獎」，小朋友都知道「卓越」二字代表優秀出眾。我跟學生開玩笑說，卓越的諧音是「拙劣」，笨拙低劣之意。「卓越」與「拙劣」，音近但意義大不同。

有天早晨，廣播響起學務處的報告，請各班級整隊到活動中心二樓集會，我隨口就說：「現在請班長帶隊到禮堂。」學生說：「老師，是八點二十分，現在才八點五分。」原來是我弄錯時間。

但我說：「那就先過去，提早準備也是好事。如果我們班過去坐正坐好了，稍後到的班級見到，也會學著坐正坐好，如果我們坐得歪七扭八又聊天閒談，其它班級也會有樣學樣。卓越或拙劣，你選哪一種？」

學生說：「卓越！」「那好，我對你們的期望也是如此，卓越是你最好的選擇，現在整隊出發！」我隨後跟上，看看這一群四年級孩子怎麼做。

學生到達之後，班長整隊，隨後大家安靜盤腿坐下，我促進之：「挺胸坐正！」學生便將背脊挺直。我激勵學生：「優秀！坐有坐相，你就是典範，你就是價值！再來，做為第一個到達的班級，你還要學習等待，學習忍耐，趁著空檔想想，今天這一天，你想為自己創造什麼樣的生活樂趣和學習價值。」老師的鼓勵性話語很重要，小激勵有大作用，可以誘發潛能效應，更可提升群體的榮譽感。

我也對隨後到達的班級說：「有沒有看到？四年一班已經挺胸坐正，安靜等待，你們也可以像他們一樣，挺胸坐正，安靜等待，後面到的班級也會跟著學習。」一個個班級進來，大家都坐有坐相，這精神振作但又沉靜的畫面，很振奮人心，也是共好的力量。

集會結束後回到班級，我對學生的表現讚賞有加，將功勞歸到學生父母身上，強調這是家庭教育扎根的效能。我也將禮堂中率先到達的卓越坐姿這一幕拍了照，在班級家長座談會中分享，讓親師生同感榮耀。

心理學有個知名的「比馬龍效應」：當老師相信某些孩子可以成為資優學生，就算他們一開始並非真正的資優，但經過老師的持續鼓勵和激發，學生最終會有資優的表現。同理，老師對學生有什麼樣的期望，重視之、鼓勵之、激發之，學生便能增強自尊和自信，同時也刺激了表現動機，提升自我成長速度。這就是比馬龍效應的延伸意義：精誠所至，金石為開。

注意力缺損與無法專注，是現代孩子的通病，也是家長焦慮之所在，更是老師擔心學生無法進入學習狀況的主因。

看到學生上課時兩眼無神、眼神飄移，我就按捺不住的焦慮，一旦人在心不在，當學生變成教室裡的「客人」，學習成效不彰，長此以往養成積習，要改變更困難。當家長殷切的問：「某某的學習有進步嗎？上課專心嗎？學習態度好嗎？」面對冀望子女成龍鳳的家長的關注，我希望自己能大聲肯定的說：「不錯！進步中！投入學習中！」但，有些孩子真的恍神得讓人擔心。

我開玩笑跟學生說，現在流行一個名詞叫「北漂」。南部工作機會不若北部多，許多人必須離鄉背井到北部找工作，因此稱為「北漂族」。班級裡有些人也是「北飄族」，但不一樣的飄，是眼神在飄，比北飄更厲害的，就是東飄西飄眼神飄，飄來飄去不聚焦。我接著手腳比劃的唱了《未來的主人翁》裡的經典歌詞「飄來飄去，就這麼飄來飄去」。學生聽了大笑說：「老師，這樣不就變成阿飄了？」又是一陣不可抑遏的笑到歪腰。

老師──有些人沒飄，但是在發呆。不管是北飄族，還是東飄西飄族，或是發呆族，學習效果都不會太好。

「發呆」二字，最後會簡化成一個字，就是「呆」。（我把呆字寫在白板上）大家看看，「呆」字如何組成？

學生──上下部件，「口」加「木」，變成呆。

老師──對，中國文字有趣就在這裡，表現「形」也顯示「義」。發呆的人就是口加木，嘴巴微張的，整個人動也不動，眼神呆滯像根木頭似的。發呆發呆，愈來愈呆。

接著，我們討論了為什麼發呆會愈來愈呆，並且簡化成「呆」。小朋友說得頭頭是道，因為心沒在教室裡就聽不懂，考試不會寫，以後學的東西愈來愈難、愈來愈多，就會更不懂，也會更不想學，還會沒有自信等等。

我又說，不發呆的、投入在課堂中的人，以後的發展也會簡化成一個字，就是「發」。我問小朋友知道「發」是什麼意思嗎？可愛的二年級孩子竟異口同聲的說：「發財！」我忍不住噗哧一笑，小孩的腦袋瓜裡倒是很務實的向錢看哪！

我說「發」就是「順利」的意思。課堂不發呆、討論不發呆、發表不發呆、操作不發呆、思考不發呆，於是功課會寫，順利；提問能回答，順利；考試能輕鬆應戰，順利；面對爸媽詢問學校生活能自信回答，順利；遇事有解決問題的能力，順利；能欣賞自己，對自己有信心，順利。凡事會走向好的循環。所以，發與呆，你選哪一個？

學生聽懂了，都選「發」，沒有人願意「呆」。

學生都希望自己發而不呆，但有時知易行難，老師又要如何引導學生具體落實「專心」這件事呢？儘管不斷耳提面命「上課要專心，專心一點！專心！」小朋友也知道要專心、想專心，但常不知該從何處使力，因此，老師要能提供有效的操作策略。

我跟學生說，兩件事可以幫助自己專心，但這兩件事必須自助，自己幫助自己，因為別人無法幫忙。

首先就是「眼神支持」。我說處在一個環境中要有判斷力，判斷主場主角是誰。上課時，老師站在教室前面，老師是主場的主角，那麼，你的眼睛要直直定定的看著老師，給老師眼神支持。在小組討論裡，輪到說話發表的人就是當下的主場主角，你的眼睛也該直直定定的看著說話的人，給他眼神支持。眼神不會飄，就不會當北飄族，不會變成阿飄。

其次就是「大聲複誦」。教室中常見的畫面是當全班在共讀課文或回答問題時，有些人呆掉了。恍神的孩子一旦發現老師的眼神關注到他身上時，就會開始張嘴並咕噥咕噥的出聲，我稱那是對嘴而已，因為他不知道現在讀到哪一頁哪一段，還要再等眼神回到課文掃描一番，才能恍然大悟：「原來唸到這兒！」但這廂差不多全班也將課文讀完了。

因此，我跟學生說，專注的第二個竅門就是「大聲複誦」。當你聽到老師請全班「一起把這個句子讀一次！」「一起讀這段！」「一起美讀這課課文！」你都必須要勉強自己、激勵自己，快快張開嘴巴讀出來。愈是不能專心的人愈要大聲念，愈大聲就愈專心。當你聽到老師或同學提問，你也要勉強自己、激勵自己，快快張開嘴巴複誦一次聽到的問題：「這個句子上下有什麼關聯？」「能不能從課文中找出證據佐證作者的觀點？」「一個盤子有三顆蘋果，五個盤子有幾顆蘋果？」就是這樣大聲說出來，讓自己耳朵聽到；讓自己耳朵聽到，腦筋才能跟著動一動，習慣是這樣勉強來的。

二十一天可以養成一個好習慣，勉強成習慣，習慣成自然。不能專注的學生一開始要勉強自己，勉強自己眼神支持，勉強自己大聲複誦，勉強成習慣後，自然而然，你可以慢慢養成專注的習慣。

大腦思考運作的機制很複雜，想要專注，這件事情只能自己幫自己，別人能夠幫的忙有限。就從「眼神支持」和「大聲複誦」開始，幫助自己不「呆」而走向「發」吧！

12

非關公平，而是需要

——態度與價值之十二：「善心美品」

孩子們對於公平的認知不同，但常自認有理。現實生活中，很難做到真正的完全公平，當孩子說出「不公平」，我並不會認為他在找麻煩。透過師生對談，撥「愚」見「智」，學生的真善美衡量準繩也撥雲見日。

一年級小朋友最天真可愛，請他們練習注音拼音，讀語詞或句子時，我常會變化對象，例如「請有綁頭髮的小朋友一起讀」，小女生就會很高興獨享機會。「請昨天晚上有洗澡的小朋友一起讀」，每個人都想證明自己洗了香噴噴的澡，全班就會大聲的齊讀。「請穿短袖的小朋友一起讀」，穿薄長袖的小孩還會急忙脫掉外套，好加入共讀的行列。

這天，拼音練習時，我邀請「今天有吃早餐的小朋友一起來讀這個句子」，只見阿德趕緊做了個把嘴巴關上拉鍊的動作。我問：「阿德，你沒有吃早餐嗎？」他說沒有，媽媽沒有準備。原來是這天上學太匆忙，媽媽來不及準備，孩子就空著肚子來上學。

我說：「等一下下課時，老師給你一包蘇打餅乾，不然你要等到中午用餐才能吃東西了。」沒想到這時有個小朋友說：「不公平，為什麼只有他有？」聽到有人起了頭，跟著也有二三小朋友喊著：「對嘛！不公平！為什麼只有阿德有？」

出乎我意料的，一包餅乾引來「不公平」之說。我義正詞嚴的跟小朋友說：「這件事非關公平不公平，而是跟『需要』有關。」接著，我承接小朋友的情緒，再曉以大義。

老師——第一時間你聽到老師要給阿德一包餅乾，他有你沒有，而且可以在學校吃餅乾又是多麼難得的事，所以你覺得不公平，這個心情我可以了解。你能把感覺說出來，不憋在心裡，這樣很好，老師可以接受。

但是，今天大家都吃了早餐，阿德因為家人來不及準備所以沒吃。想想看，現在需要吃東西、補充能量的是誰？

學生──是阿德。

老師──對，現在才第一節課，有需要的是阿德，不是你們。

不是全班每個人都要有一包餅乾才叫做公平；這樣看來，很多事都是不公平的。為什麼有人坐在前面，有人坐在後面，坐後面的人是否要喊「不公平」？

這也是跟「需要」有關。個子矮一點的，視力不好的人，有需要坐前面；個子較高、視力較好的人可以坐後面，不影響自己上課，也看得清楚白板。給人方便，自己也不困擾，這是一種體貼。

又好比，你現在是一年級學生，需要寫家庭作業，但讀幼兒園的弟弟妹妹就不用，這也跟公平無關，跟「需要」有關。公不公平可以在正式比賽中，或對全班的獎勵處罰中重視，而不是在生活吃食或獎品的小事上。

小朋友點點頭表示懂了。儘管只是小一新鮮人，但有這樣的機會教育談論公平的內涵，意義非凡。

九月三十日這天，中度颱風米塔來襲，新竹縣宣布停班停課，新竹市卻正常上班上課。縣市不同調，新竹市長臉書被灌爆，市民怨聲載道，竹縣賺到颱風假欣喜若狂。

這天星期一，有點小風雨，不影響上班上學。沒放颱風假的師生，一早都就定位到校了，我們討論了颱風假這件事。

我說，有個六年級學姊，因為姊姊讀新竹縣竹北的國中，停課一天，但學校在新竹市的她卻要來上學，她覺得很不公平，氣呼呼的。新竹縣和新竹市相鄰，新竹縣放假，新竹市上班，就「上學、學習」這件事來看，你們覺得和公平有關嗎？

小朋友討論熱烈，說上學比較好，來學校有很多朋友一起玩；而且風雨不大可以出門；沒上學沒上到課，就學不會。

老師──這還是跟「需要」有關。新竹縣放假是因為新竹縣有一些地區是山區，新竹市大多是平地，山區風雨較大，危險較高，標準不一樣。而沒有放颱風假其實是好事，風雨沒有達到放假標準，表示災情不會太嚴重。

學生──對，老師上次說過，跟「公平」無關，和「需要」有關。

老師──老師說的，大家都記在心裡，很好。今天沒放颱風假，我們還是帶著感恩的心，感恩風雨不大，讓大家可以平安上學上班。

孩子們對於公平的認知不同，但常自認有理，現實生活中，很難做到真正的完全公平。當孩子說出「不公平」，我並不會認為他在找麻煩，老師要做的是鼓勵孩子說出自己的情緒與感受，提出說服眾人的理由，再依據事件情境及孩子不同年齡特質引導，並非一味叫孩子忍耐不要計較。透過師生對談，撥「愚」見「智」，學生的真善美衡量準繩也撥雲見日。

在教學教養教育路上，知識啟發外，更該重視孩子態度的養成與正向價值觀的建立。

13

「閱讀、運動、家事」打造生活美感

——態度與價值之十三：「美感質感」

我常跟學生說生活要有美感，何謂美感，令人感覺愉悅舒服的。三件事，生活不無聊——閱讀、運動、家事；三件事，人生必成功——耐苦、耐煩、耐髒。生活質感與美感都要在日常生活中體會操作與實踐。

小學校園的特色之一是熱鬧，美其名場面熱烈歡愉，攤開來看是「吵」。學生常靜不下來，習慣性大呼小叫。

有時我對學生說，剛才下課你在司令台玩對不對？學生以為我能神算，「老師怎麼知道？」我說，我坐在教室裡改作業，老遠就聽到你的聲音了。

套句流行語，學生的大呼小叫有時是「刷存在感」，讓別人重視自己。還有，高聲吵嚷是因為不知道生活美感為何。

我常跟學生說，生活要有美感。何謂美感，令人感覺愉悅舒服。

你坐在第一排第一個座位，你要對最後一排最後一個座位的同學說話，該怎麼做？用吼的，扯開喉嚨大聲說？那不美，你應該走過去，用兩個人聽得到的音量來說話。

教室裡要有美感，這種美感指的是一種氣氛。如果討論發表時人人搶著講，一人一句，二十八個人就二十八句，教室就會亂哄哄。因此我在班上訂下一個規矩：「說話請舉手，點到才開口。」這也是美感的訓練。

小朋友以為上課就是不能講話，說話就是犯規犯錯，我說不是的，嘴巴就是用來說話溝通、用來討論；不是不能說話，輕聲細語的說話是美感，怎麼說、說什麼也要有美感。

有次進行遊戲，大家玩得盡興，小朋友脫口就說：「今天好爽喔！」我對「爽」這個字眼總覺得粗俗，我說：「爽這個字單獨說不優美，加了其它字可能好一點。涼爽表示天氣微涼舒適，豪爽表示性情直快，清爽表示清潔乾爽，但『爽』字表示什麼？」

小朋友說就是心情很好，很開心。我們討論可以用什麼語詞表現開心，小朋友說就直接說「很開心」就可以了，或是「愉快」、「高興」，這樣都比「爽」好聽多了。

二年級開學第二天，一早全班安靜閱讀中，小語蹦跳走到教室門口，一聲高音頻的「我今天忘記帶書包了！」劃破了晨讀的寧靜，繼之全班哈哈大笑，小語也很得意似的。

我看著她說：「所以呢？」她還是得意的說：「我今天忘記帶書包了。」我再問：「然後呢？」她就弱了下去，小聲的說：「我今天忘記帶書包了。」我直指問題核心對她說：「你譁眾取寵了。」

我請全班繼續安靜閱讀，把小語帶到教室外，先了解她忘記帶書包的原因，原來是出門要穿鞋，書包放在玄關，蹦蹦跳跳上了爸爸的車，書包就忘記了。

我問她知不知道忘記帶書包是誰該負責，又該怎麼處理？她說不知道。我說你可以走到老師身邊小聲的告訴我；如果是我忘記帶書包，我會不好意思，而不是昭告世人，好像我做了件偉大的事，更何況當時大家在閱讀，那麼大聲一點美感也沒有，更沒有質感。

再回到教室，我幫她保留了面子，不在全班面前重述或檢討這件事，孩子們也繼續閱讀。一會兒，小語媽媽提著書包來了，小語輕輕走出去接過書包，再輕輕回到座位上閱讀，全班再次回到靜美的閱讀畫面中。

有天早晨，小柏站在外頭遲遲未進教室，我探頭一看，他背著書包，提著餐袋，愣愣的站在走廊上。我問怎麼了？他說水壺沒關緊漏水，餐袋都是水。我警覺到這孩子不會解決問題，我說：「把水倒出來再把餐袋擦乾。」只見小柏打開餐袋，把大小餐碗和筷子湯匙餐具組放在地上，然後直接將餐袋的水倒在走廊上，然後餐碗和餐具也溼了。

他的做法讓我再次驚訝，二年級的學生不會處理餐袋，我教他用抹布清理，他說不想摸到抹布，因為抹布好髒。

「抹布」是個值得討論與學習的話題。

有的學生怕髒只敢提著抹布一角，或是不會擰乾，抹布總是滴滴漏漏；又或溼抹布擦過桌面後，不知用乾抹布再擦一次，以致於讓簿本溼透的；再者把抹布整團塞進抽屜的，形形色色都有。從抹布的使用就可以看出家庭教育。

我告訴小朋友，做到三件事，人生絕對會成功——「耐苦、耐煩、耐髒」。「耐苦、耐煩、耐髒」也讓生活有質感。能吃苦、不怕累，持之以恆的努力，吃得苦中苦，會成為人上人。十五歲的國中生洪璽皓能將氣球折成百變萬象，在國際氣球比賽得獎，那是吃苦得來的，常常一個作品他就要花上十五個小時創作。

美國職籃傳奇明星柯比・布萊恩因直升機墜機意外英年早逝，我們在課堂上也討論這件事。柯比為何讓大家討論、令世人懷念？因其偉大成就。他的成就從何而來？在於堅持。柯比每天清晨四點開始練球，練兩個小時再休息，這個習慣從高中就養成。當別人還在睡夢中，他已經早起多練習兩小時了，每天的兩小時，日積月累，造就堅強實力，別人已無法超越，這就是耐苦又耐煩的堅持。

小朋友多半覺得家中長輩愛叨唸，常常對家人發脾氣，是家中小霸王。我說若是爸媽說的話和老師說的話一樣，那就表示這件事很重要，再不想聽都要耐著性子聽完、聽進去，學習耐煩。而耐髒，更表示適應力強，有生活自理能力。

「耐苦、耐煩、耐髒」讓生活有質感，而「閱讀、運動、家事」讓生活有美感。「好無聊喔！」這也是小朋友常掛在嘴上的一句話。我告訴小朋友，無聊時可以做三件事——閱讀、運動、家事。

舉例來說，小朋友有時跟著爸媽和朋友聚餐，爸媽平時工作很辛苦，難得有機會與朋友相聚時，也想好好吃頓飯、和朋友聊一聊，但小朋友胃口小，吃得快飽得快，吃飽沒事做便坐不住，爸媽便要開始管秩序或是糾結要不要拿出手機換取片刻寧靜。我說出門都應該帶本書或是筆記本，《神奇樹屋》裡的傑克便是有做筆記的習慣，小朋友可以學習傑克，隨時觀察隨時記錄，記什麼都可以，塗鴉也好。做一個「懂事長」，體諒爸媽，讓爸媽和自己都享受愉快的聚餐。

小朋友也有機會和家人出外旅行，出國常要等飛機等車，有許多等待的時間，這時候做什麼事？閱讀。

有一年，全家出國旅行，要搭乘早上七點鐘的飛機，我估計通關後到登機還有好多時間，但一大清早免稅商店尚未營業沒得逛，於是我跟孩子說每個人都帶一本書，等候的時間可以閱讀。人人有書讀，人人有事做，不吵不鬧不喊無聊。

這一次，我帶了一本剛買的偵探推理小說《外科醫生》，作者本身是執業醫師，加上有一枝生花妙筆，一翻閱我就欲罷不能，手不釋卷。在旅店的夜晚休息時分，或清晨陽台躺椅上翻閱一本書，都有放鬆慢遊的幸福感。

返國後我陸續將該作者所有中文作品買來閱讀，同時也跟周遭朋友分享這個閱讀經驗，朋友間彼此借閱或分享閱讀心得，也是一場閱讀盛宴。

小朋友在家寫完功課能做什麼事？閱讀、運動、家事。閱讀增廣見聞，運動強健體魄，家事是生活自理能力訓練，也讓家庭環境更清爽舒適。這三件事隨時可提取操作，是生活必須。證嚴法師說：「讀書是為自己的人生，運動是為自己的身體。」我還要加上一句：「家事是為自己的未來。」

三件事，生活不無聊——閱讀、運動、家事；三件事，人生必成功——耐苦、耐煩、耐髒。生活質感與美感都要在日常生活中體會操作與實踐。

14

用抹布培養活能力

——態度與價值之十四：「整齊清潔」

抹布雖小，奧妙甚大。從抹布的使用落實教養、涵養品格，小朋友也可以靈活手指，訓練小肌肉發展。就從使用抹布培養活能力，不培養孩子做事能力，可能是害而不是愛。

是否由學生擔任校園環境清潔工作，各國觀點不同，做法也各異。我個人認為，凡事往積極面看，就能產生正向意義。清潔工作是學校生活的一部分，小朋友透過清潔工作學習生活自理和與人合作，也是生活美學的實踐。

我所服務的學校沒有整潔、秩序、禮貌競賽，清潔工作就是讓學生參與實作，維持教室及校園衛生清潔，更讓心情舒適愉悅。新學期開始，我的班級必有「抹布課」。

我一向強調「本能以外的事都要教導」，如果沒有教導，學生使用抹布會有各自的想像與做法，但這樣的「大放異彩」卻常令人搖頭嘆息。例如，清洗抹布時不懂得攤開布面搓洗，只用單手把抹布揉成團沾點水意思意思；不知道要擰乾抹布，吊掛桌子掛勾後，座位地板小河潺潺；將溼答答的抹布團塞在抽屜中發臭；以為抹布可以用上一年或兩年；用很溼的滴水抹布擦拭，桌面一片溼漉漉；還有學生將抹布當「裝飾品」，鮮少使用或不用，寧願用衛生紙擦桌子，就怕抹布弄髒自己的手。

抹布雖小，奧妙甚大。我的「抹布課」希望讓小朋友從生活中落實能力訓練，不只是口語要求。我一邊示範，也讓小朋友一起做。

每個小朋友都要準備兩條抹布，乾溼分離，這兩條抹布用於維持自己座位和置物櫃的整潔。公用區域如書櫃、窗台、白板筆槽的清潔擦拭，我會準備公用抹布。

記得小時候我們的抹布都是媽媽用舊毛巾舊衣服裁製，現今在書店或文具用品店就有販售抹布，但通常吸水性差。因此我建議小朋友和家長選擇材質吸水性強的抹布，也可以舊物利用，再簡單做個小掛耳就行了。

擦桌面或櫃子，先用溼抹布，再用乾淨的乾抹布，這樣桌面才會乾燥，能夠馬上使用。只用溼抹布或不等乾燥就把簿本放上去，就別納悶為什麼自己的簿本溼掉了。

清洗抹布時，開水龍頭的手勢輕一點，以免剎那間出水量太大，噴溼衣服前襟或袖口；將布面攤開，用搓洗的方式；小朋友的手比較小，擰乾時要將抹布折成雙手可以握住的寬度，再以兩手握住上下兩端，反方向旋轉扭動，這樣才容易擠乾水分。之後把抹布攤開晾乾。能夠曬太陽殺菌更好，隔天再收回，掛在自己桌子邊側的掛鉤。

早上到校及中午用餐後，都應該用抹布擦拭桌面。尤其用餐後桌面可能油膩，擦拭桌面時要由外而內，這樣才不會讓髒汙的範圍擴大。

有個笑話說，有一種冷，是「媽媽覺得你會冷」，所以冬天總要小孩穿得密不通風，也捨不得小孩碰冷冰冰的水。其實小朋友很喜歡碰水，甚至玩水，台灣的冬天不致於冰天雪地，孩子不會凍僵，而冬天使用抹布也要注意細節。

穿著長袖時，袖子可以捲起或稍微往上抓提，便不會把袖口弄溼；如果穿著外套，我會建議小朋友把外套脫掉，做事比較俐落，否則穿著袖口或前襟弄溼的外套很不舒服。

若抹布變髒了，就要丟棄換新，避免滋生細菌及愈用愈髒。丟棄前也不要浪費，可以用來擦地板。不論是蹲著用手擦拭，或是用腳踩著抹布，用點力道將地上黑黑的印記前後壓擦乾淨，之後這塊抹布就可以丟棄了。使用抹布後記得用肥皂洗手，這是標準動作。

期末大掃除最終曲是用抹布擦桌角、椅腳及地板，讓地上物及地板都徹底乾淨，新學期再以新抹布迎接新的開始。

學生到日本姊妹校交流，我請他們多注意日本小學生如何進行清潔工作。返國分享報告時，小朋友提到日本小學生都會戴上頭巾，跪著擦地板，日本處處乾淨衛生。家長也分享，新竹科學園區的高科技產業很注重無塵作業，他們甚至在員工到日本出差時，請合作廠商安排員工體驗用抹布擦地板訓練，目的在培養細心、耐心與效率。

家長對於老師願意花費心力教導孩子使用抹布，都抱持肯定及感謝的態度，因為學生會將在學校習得的能力及培養的好習慣，複製在家庭生活。

學生要把教室當家裡一樣看待，愛惜及維護清潔，不能有「公共環境非我家，弄髒弄亂沒關係」的想法，否則比「個人自掃門前雪，莫管他人瓦上霜」更要不得。

從抹布的使用落實教養、涵養品格，小朋友也可以靈活手指，訓練小肌肉發展。就從使用抹布培養活能力，不培養孩子做事能力，可能是害而不是愛。

15 在旅行中覺察意義
——態度與價值之十五：「體貼的心」

俗話說：「讀萬卷書，行萬里路。」點出旅行的目的是增廣見聞，教室外也有學習視野。不論島內遊走或海外觀光，最怕孩子是「無感旅遊」，也就是上車睡覺、下車尿尿，回家後什麼都不知道。

日前一則新聞說，有個英國爸爸在校方不准假的情況下，執意帶孩子到美國迪士尼樂園旅遊，因而被學校罰款，英國爸爸拒繳並和校方對簿公堂，最後法院判決這個爸爸敗訴並且加重罰金。

歐洲國家普遍認為「學生曠課去旅遊」此風不可長，希望以嚴格的法規帶起嚇阻作用。所以，英國教育部規定除喪假或病假等特殊情況，學生不得於學期間任意請假，否則處以曠課罰則，但仍有許多家長無所畏懼，乾脆帶孩子蹺課出遊。

德國政府則是規定，若發現上學期間學童未請假就出遊，警察可以行使公權力將孩子送回學校。奧地利更針對「家長在學期中請假帶孩子出去玩」有相關立法規定及罰則。

「小學生可以於學期中請假出去玩嗎？」這個話題在國內也掀起一陣討論聲浪。就從「請假」和「出去玩」兩部分來聊聊吧！

回想起我的小學年代，「全勤獎」是至高榮譽，從一年級入學的第一天到六年級畢業的最後一天，整整六年不遲到早退，風雨無阻之外，也要身體強健不生病，才能領到一張全勤獎獎狀。這個「六年磨一張」的獎項得來不易，會在畢業典禮公開表揚，拿不到成績優良獎但能領到全勤獎，在所有畢業生及家長來賓面前受獎，是多麼榮耀風光啊！

小時候讀過納爾遜將軍的故事。大雪的日子，納爾遜兄弟出門上學，但風雪愈來愈大，哥哥提議折返。回家後爸爸講起榮譽二字，激起兄弟倆的榮譽感，於是納爾遜和哥哥再度走出家門，迎向風雪走向學校。

早年旅遊風氣不盛，學習都以學校課程為主，父母親對於孩子上學這件事更是抱以

「恭敬」態度，加以納爾遜將軍的故事加持，所以「全勤獎」備受重視。

隨著時代演進、觀念改變，許多學校早已廢除全勤獎。現在，學生若是罹患流行性感冒、水痘或是腸病毒等，都嚴格要求必須請假。而新型冠狀病毒來勢洶洶，小朋友有相關旅遊史及接觸史便必須在家進行自主健康管理，平日體溫若過高或身體稍有不適，更是叮囑其勿到學校。

全勤獎不再是被鼓勵的事。學生若因病或家有急事需要請假，自是無可厚非。但若是因出去玩而要請假呢？就我在教學現場的觀察，我認為父母親及孩子的態度是關鍵。

小朋友聊天時常不自覺會互相比較，若有人說他去過某某國家，其他人也會跟著說他也去過哪些國家，最後會變成比較誰去過的國家多。有趣的是，小朋友不會比誰去過的國內城市鄉鎮比較多，可見小朋友對於「出國」這件事多是期待，也多少懷抱虛榮心。

如果我聽到學生閒聊旅遊分享卻演變成比較，通常我會請學生結束話題，順便進行機會教育。而每逢寒暑假或連假到來，我也會跟學生談點旅遊的事。

我問學生「旅行」的目的是什麼？小朋友會說要拍照留作紀念，要感受小確幸、要去旅遊才寫得出相關作業，要體會不同的風土民情等。高年級學生還會說出頗富哲理的

「休息，是為了走更長遠的路」。不管各自所持旅行目的為何，大家都同意旅行這件事令人期待且雀躍。我請小朋友思考旅行是「想要」還是「需要」？小朋友會說是「想要」。既然是「想要」，小朋友就不該把家庭旅遊視為理所當然，應該要感恩惜福。

不論是國內或國外，不論是坐火車或搭飛機或自行開車，家庭旅遊都是父母親的用心規劃，得放下公事，更要儲蓄旅遊基金，才能促成全家出遊共創回憶的美事。

此外，和同學好友分享生活日常或旅行見聞是好事，但必須懂得「體貼」。如果你的分享會產生比較，把同學比下去或讓同學尷尬，同學會說：「好好喔！我都沒有。」「好羨慕你喔！」那就不要開啟話端或應該自動停止話題。

其實不只是旅遊，「比較」本來就讓人不舒服。如果你知道同學家的經濟環境不若你家優渥，那麼你穿用名牌、去高級餐廳吃飯、到訪國內外名勝旅遊等，這都是私領域，自己知道就好，不需要掛在嘴上，避免同學產生壓力，這也是一種人際交往的體貼。也許你無心，但個性不夠成熟的人，回家可能會要求父母比照辦理，「同學有，我也想要。」所以，言談間要避免表現出自己的優越感。

如果真的要比，不要比「好貴」，要比「好玩」。迪士尼樂園很新鮮，六福村也可以玩得盡興開心；坐飛機去日本韓國賞櫻夢幻浪漫，就近到新竹公園或清華大學也可以看到花團錦簇，還省去舟車勞頓。如果沒有旅遊品質和好心情，或是旅途中被電子產品綁架，去哪裡都感受不到樂趣。

俗話說：「讀萬卷書，行萬里路。」這句話點出旅行的目的是增廣見聞，教室外也有學習視野。不論島內遊走或海外觀光，最怕孩子是「無感旅遊」，也就是上車睡覺、下車尿尿，走路喊不要，拍照就傻笑，回家後什麼都不知道。我這樣一說，學生不僅大笑，還以為老師真神，什麼都知道。

我當然知道，若問孩子去哪兒玩，通常他們很難具體說出印象深刻的景點、景觀，或當地人文特色，只說得出「坐車或搭飛機去住飯店」，或「去了某地某城市」這種抓不到重點的短語回答。

景點在什麼縣市？北上或南下沿途經過哪些城鎮、特色為何？學生常一問三不知。除了地理概念不佳，也缺少了「旅行中學習」的態度，最有感的往往是「住飯店」。

若問學生是否在飯店會玩跳床、吃零食、看電視，答案多半是賓果，有的學生還會自鳴得意的說，吃零食掉屑屑不用撿，跟在家裡不一樣。

住飯店這件事也要有所教育。我說雖然住飯店是花錢來享受的，當消費者要有素質，如何表現素質，那就是要有一顆體貼的心。用不到的飲品、衛浴備品就不要拆封也不弄亂，要離開時將棉被拉平整，垃圾稍做整理，保持基本清潔。

試想，房務人員看到一個凌亂不堪的房間和一個還算乾淨整齊的房間，心情是否大不同。如果你知道自己投宿的房間曾被前一個客人弄得髒亂，相信住起來心裡也不甚舒暢；想像所有房客都是有貼心舉動的人，想必旅遊好心情都提升不少。雖然我們不認識房務人員，但這是我們身為旅人基本的素質表現，也是對人對己的尊重。

我以自己的例子告訴學生，我是到了大學畢業後工作數年，才慢慢有到國外旅遊的機會。父母親若未能安排旅遊，或是只安排國內旅行而非出國行程，都請不要抱怨，因為父母親都已拚盡全力讓孩子過好生活。喜歡旅遊或環遊世界可以當成人生的目標，最甜美的果實是靠自己耕耘，現在努力，勤於學習，長大賺錢後慢慢規劃，靠自己才是真本事。

我也會遇到家長在學期中因安排旅遊而為孩子請假，一兩天到一整週都有。我可以同理家長的想法，因為年假排休、會議或出差之便、或把握特價時機等因素，而在學期中安排旅遊，家長都會客氣告知老師，並商量作業或功課進度如何安排。我相信家長都是經過深思熟慮才做出決定，我都會歡喜成全。

但我也會與家長及學生溝通，讓請假旅遊這件事低調但高價值。何謂低調？請小朋友不要在同儕間說自己將請假出遊，以免惹來同學羨慕眼光，我也不會在班上說某某同學因旅遊而缺席，若有小朋友問起，就答以「事假」。何謂高價值？就是讓孩子有參與感。家長可以讓孩子一起規劃行程，或事先閱讀相關資訊，參訪更有感；過程中親子也要多對話，營造更緊密、更甜蜜的家庭氛圍。

小朋友不一定要全勤，但要「勤」，勤於學習、勤於觀察、勤於體貼，這是態度。家長不要把旅遊拿來當做犒賞孩子的誘因，避免孩子過於重視物質生活。

旅遊不是為了累積護照的戳章，或是到此一遊的打卡拍照，更不是為了炫耀。在旅行中覺察意義，也就不辜負返校後老師為你補課的心意了。

16

親師良性互動以為榜樣

——態度與價值之十六：「發乎情、止乎禮」

大人的身教言教影響孩子很深，老師要提醒家長注意。老師要掌握對學生的了解，運用傾聽及溝通技巧與家長互動，老師不須擔心過多管教和建言不被家長接納，家長不須憂慮過多管教會讓孩子受到限制。

親師互動氛圍牽動著學生，小朋友也觀察著、感受著、學習著、被影響著，親師合作可以共創三贏局面。親師之間的相處是一門藝術，也是哲學，我認為可以用「發乎情、止乎禮」為準則。情是真情，真摯誠懇的；禮是禮貌禮節。親師彼此真情對待，禮貌往來。

一、三、五年級是新編班級，學校常常一公布編班名單，家長就會急著打探班導師是誰、風評如何。家長害怕遇到「怪獸老師」，老師也擔憂碰到「恐龍家長」，這樣的形容詞已帶著防衛和距離，代表彼此不能互信。在此分享我和家長的相處二三。

首先是親師生聯繫與建立班級Line群組。有的老師擔心家長無時無刻的訊息詢問，擔心家長間聯繫緊密易生枝節。於是有老師自己不加入家長群組，只對單一窗口班親會會長聯繫，再由班親會會長對全班發布訊息；或是設定為家長間不能互通，只能由老師對全班發布消息及個別聯繫。

是否成立班級親師群組及選用任何方式都好，老師選擇自己與家長熟悉慣用的溝通方式即可。至於我，我會主動成立班級親師群組，邀請所有家長加入，這在帶新班級初始，訊息傳遞溝通極為迅速方便，尤其是一年級的新班級。

行動通訊軟體是親師間最具時效性的聯繫管道，但要善加利用同時建立制度，我的方式是由我做示範，家長就會有所依循。

需要小朋友自我負責的事以聯絡簿為橋梁，我不在班級親師群組重複。群組上我所發布的訊息以全班性事務為主，多是內容較繁複、孩子回家不易轉述的事情，又或是緊急事件，還有活動分享、作品共賞。我會以理性清晰的語氣有條理的述說，沒有評論性言語或情緒化字眼，也沒有學校事務之外的議題，謹守分際。發文留言時間也很謹慎，上班上課時間、清晨夜半都避免，表現網路使用禮節。

我若發布訊息，家長們都很客氣，回應許多感謝言語或貼圖，這些我會心領但不再回應，否則來來往往難以停手。

家長可能因特殊狀況或疑難雜症在群組裡發問，為家長解答我不覺得麻煩，我能同理他們的擔心；家長間彼此互助互動也以班級事務為主，我都尊重。我們不必約束聯繫時間、不用規範發文發問內容，大家形成潛規則，展現默契，互信互敬。一直以來我並不覺得親師群組造成困擾，反倒覺得是班級經營的加分。

二〇二〇年寒假，因新型冠狀病毒蔓延，史無前例的延後開學，學校方面有許多防疫措施要轉知家長，政府機關也有要家長填報的假期旅遊史接觸史問卷，我們班便能在群組快速讓全數家長接收到訊息。

多數老師都願意利用一點課餘時間及私人時間與家長溝通聯繫，我也會清楚的告知家長我的聯繫方式。上班上課時間如何緊急聯繫；若要見面會談，我的空堂時間為何；下班後若要聯繫，家長都有我的手機號碼、家中電話以及電子郵件，我會讓家長找得到我，不會上演尋人遊戲。事實上，平時溝通聯繫十分暢通，家長鮮少在課餘時間打擾我，彼此以禮相待。雖然有人開玩笑說教育也變成服務業了，我卻認為是志業。

其次，大人的身教言教影響孩子很深，老師要提醒家長注意。老師要掌握對學生的了解，運用傾聽及溝通技巧與家長互動，例如孩子犯錯，家長也會擔憂，若老師描述事件時能同理家長心情，適度給予建議，而不是一味指責，家長感受會比較好。

學校營養午餐每週有三天供應水果，不論是蘋果、芭樂、橘子、香蕉或小番茄，小布總是不拿，他說：「我媽說學校的水果都是爛水果。」我說學校準備的不一定是很貴的水果，但都是好水果。校外教學時學校為小朋友準備的小西點，小布大方的分送同學，他說他們家只吃某家高檔店鋪的麵包，他不要學校的西點。

若家長的觀念需要再教育，我會主動聯繫家長與之討論。小布媽媽接到我的電話很驚訝孩子這麼說，因為她會留意不在孩子面前批評學校事務，猜想可能是她和先生閒談說到學校水果不比家裡的，無意間被孩子聽到；而她真的只到固定商家買麵包，也會跟孩子說「這很貴喔！要吃完。」沒想到孩子無形中養成物質取向的價值觀。經過我的提醒，小布媽媽理解父母言行對孩子的影響，她正苦惱家中兩個男孩已有公子哥的習性表現了。

以小布家的經濟能力，絕對買得起用得起高級貨，但父母日常的言談舉止，孩子都看在眼裡也默默仿效。

大人坐得直，孩子便行得正；大人是孩子的鏡子，孩子則是我們的影子。

老師不須擔心過多管教和建言不被家長接納，家長不須憂慮過多管教會讓孩子受到限制。規矩大於寵愛，身教重於言教。

女兒們讀小學時，因為學校接待日本交流團體及與姊妹校互訪，我們家曾有數次擔任接待家庭的機會。印象最深刻的，就是日本小朋友乾乾淨淨、整整齊齊的行李箱，用幾個大中小網袋分門別類的收納衣物及用品，其井然有序連大人都自嘆弗如。

日本小朋友用過浴室之後，都會順手把浴室鏡面、洗手台檯面及地板擦拭得清潔乾爽，我深深佩服日本家庭對於孩子家事能力的訓練，我們家孩子也印象深刻，眼見為憑，以後不用大人多說也會起而仿效。

某年暑假，我拜訪日本友人，在火車上看到幾個幼兒園或低年級模樣的小朋友獨自搭車，他們背著小背包，胸前掛著水壺和裝有證件車票的票夾，專心留意著到站的車站名稱，我想台灣父母不太敢這麼放手。

我還看到有個孩子想要爬上椅子看窗外風光，媽媽馬上幫孩子脫掉鞋子，免得踩髒座椅，孩子就穿著襪子跪坐在椅子上，喜孜孜的欣賞旅途風光。這一幕也讓我佩服。

舉凡種種生活畫面、教養細節，我都樂於與家長分享。家長和老師之間彼此都在尋求舒適的距離，這舒適的距離就是信任。彼此互信，親師間互動自然收放自如、進退合宜。

結語 如春泥，如露水

我投入教育職場近三十年，早期任教的學生都已經長大成人，甚或成家立業，每每師生聚會時，最有趣的就是「想當年」。

在國中任教時曾配課英語課，教「比較級」時我自編了一首歌，用兒歌「蝴蝶」配曲，讓學生替換人名、形容詞，彼此問答。

There are three people in my family.

Mary is taller than Kelly.

Kelly is taller than Jessie.

Who is the tallest (shortest) in my family?

學生記得苦澀國中時期每一科目幾乎都得坐好乖乖聽課，鮮少有課程可以起身飛舞，能在教室裡找夥伴又唱又玩，開心極了。這首曲子他們戲稱為「蝴蝶比較級之歌」，至今仍琅琅上口。

老實說這件事我忘記了，那是二十七年前的事了，之後我從國中轉到小學任教，也沒再接觸英語課，沒想到學生記憶猶新。這個教學畫面就是生活化情境與互動學習啊！原來，會刻劃在學生長期記憶裡的，是他真實操作過的事情。

有學生回想我上課時心血來潮就會唱起歌來，國語課教摹聲，我必唱《雨中即景》，歌詞裡提到的「嘩啦啦下雨了」、「叭叭叭計程車」、「轟隆隆打雷」都讓修辭鮮明好懂。學生當時假裝掩耳請老師不要再魔音傳腦，現在卻回味無窮。原來，變化點教學技巧，老師唱得比說的好聽，學生也記住了。

我問學生，印象中我最常說的一句話是什麼？「做決定前要思考，做決定後要負責。」學生說，三天兩頭這句話就會出現，所以「餘音繞樑」，現在他們也用這句話教導自己的孩子。

學生七嘴八舌說起記憶畫面，他們笑稱自己小學當時常將校服穿成七彩蝶衣。營養午餐中如果有咖哩，小朋友必大聲歡呼，飯量一定增加。咖哩好吃，比較麻煩的是，咖哩色澤沾到白色校運動服會著色很難洗淨，我會叮囑打菜或抬回菜桶的人小心，穿上圍裙最好。

書法課或使用彩畫用具也應該要穿上圍裙，有人自恃武功高強或嫌麻煩，一再掛保證絕對小心，這時我也就不勉強了，孩子有思考能負責就好。

有人會用實驗精神挑戰不穿圍裙但安全過關，終究馬有失蹄，人也會失手，衣服沾到墨汁彩畫的事還是偶有出現，這時衣服像潑灑過的花布。學生說若找我訴苦，我只會淡淡的說上一句：「做決定前要思考，做決定後要負責。」再幽默補上一句：「老師有說過『做人要甘願』。」學生彼時覺得沒討到拍，反而被老師堵得啞口無言，他們就甘願的默默認了。

學生也反問我，現在我是否仍常說這句話？我笑說改了，現在我說：「句子和句子之間彼此有關聯，段落和段落之間彼此有關聯。」然後，眾人哄堂大笑，我們說時代真的不一樣了，這是新課綱的語言。

也有學生最感謝我在他做壞事時，沒有一次「饒過他」，也就是沒有一次視而不見。當時覺得嘮叨囉唆，漸長能體會老師的心意，感恩老師的苦口婆心沒讓他長歪。

我從一屆又一屆的學生身上看到，過去的積蘊，成就了他們今日的放飛。我所投入的耕耘，逐漸長成桃李滿園了。原來，老師的話語像「化做春泥更護花」的養分，老師的鼓勵甚至是小小恫嚇，也是「潤物細無聲」的露水。學生的回饋，是滋養我職場人生的活水源頭，能以教師為職業和親生結善緣，真是榮幸美好。

孩子的學習成長之路，在學校裡要有老師的塑造灌溉，在家裡要有家長的引導滋養。老師和家長不要氣餒，儘管教育教養之路繁重，常會讓人透不過氣，但我們的耕耘會讓孩子們的生命豐富並昇華。

家長和老師面對未來不要擔心，我們秉持信念攜手前行，新課綱就容易多了，素養也親和多了，全人教育的「知、情、意、行」並非遙不可及。

教學上的信念是「閱讀理解」，教養上的信仰是「獨立負責」，所以我們攜手同行。

我們用提問為路徑幫孩子披荊斬棘，瞄準閱讀理解的目標；我們陪伴、對話與傾聽，相信孩子愈常做家事，愈能培養其責任感。我們不要捨不得孩子做事，他們在家裡或在學校培養的做事能力可以互為運用，學習會更得心應手，也慢慢養成獨立。

學生、老師和家長都需要成就感，我們不以分數定奪成就感，世界上絕對有比分數更重要的事，那就是孩子與人相處和諧溝通的能力、生活自理的能力與解決問題的能力。我們不希望孩子的腦袋中只裝標準答案，而失去思考與批判的能力。

凡此種種都是我們的信念，說起來簡單，有時執行不易。因此，我們大人也要學習等待、學習忍耐；孩子答不對、做不好沒關係，我們陪著一起思考操作，多練習、多做就會熟能生巧。

有句話說，如果孩子有十個缺點，爸媽和老師必須為其中五個負責，這句話說明家長與老師的重要。我們是火種，可以點燃孩子心靈的火；我們也是石級，承受著甜蜜負擔讓他步步踏實向上攀登。希望這本書就像小溪的樂音，在教育教養的前行山路迴盪，一路陪伴老師和家長。

國家圖書館出版品預行編目(CIP)資料

素養小學堂：葉惠貞這樣教素養 / 葉惠貞著. --
第一版. -- 臺北市：遠見天下文化, 2020.05
面；　公分. -- (教育教養；BEP053)
ISBN 978-986-479-997-8(平裝)

1.教學法 2.初等教育 3.文集

523.307　　109006114

教育教養 BEP053

素養小學堂

葉惠貞這樣教素養

作者 — 葉惠貞

總編輯 — 吳佩穎
人文館資深總監 — 楊郁慧
責任編輯 — 李依蒔（特約）、楊郁慧
封面設計 — 張議文
內頁設計 — 江儀玲（特約）
本書所引用之教材，經翰林出版事業股份有限公司、
康軒文教事業股份有限公司授權使用

出版者 — 遠見天下文化出版股份有限公司
創辦人 — 高希均、王力行
遠見・天下文化 事業群榮譽董事長 — 高希均
遠見・天下文化 事業群董事長 — 王力行
天下文化社長 — 林天來
國際事務開發部兼版權中心總監 — 潘欣
法律顧問 — 理律法律事務所陳長文律師
著作權顧問 — 魏啟翔律師
社址 — 臺北市 104 松江路 93 巷 1 號
讀者服務專線 — 02-2662-0012 ｜傳真 — 02-2662-0007；02-2662-0009
電子郵件信箱 — cwpc@cwgv.com.tw
直接郵撥帳號 — 1326703-6 號　遠見天下文化出版股份有限公司
出版登記 — 局版台業字第 2517 號

電腦排版 — 立全電腦印前排版有限公司
製版廠 — 中原造像股份有限公司
印刷廠 — 中原造像股份有限公司
裝訂廠 — 中原造像股份有限公司
總經銷 — 大和書報圖書股份有限公司｜電話 — (02)8990-2588
出版日期 — 2020 年 5 月 29 日第一版第 1 次印行
2023 年 10 月 26 日第一版第10次印行

定價 — NT 420 元
ISBN — 978-986-479-997-8
書號 — BEP053
天下文化官網 — bookzone.cwgv.com.tw

天下文化
BELIEVE IN READING